LÉO CLARETIE

L'École des Dames

PARIS

BIBLIOTHÈQUE INTERNATIONALE D'ÉDITION

E. SANSOT & Cie

7, rue de l'Éperon, et 53, rue Saint-André-des-Arts

1907

L'ÉCOLE DES DAMES

DU MÊME AUTEUR :

CRITIQUE, HISTOIRE ET ÉDUCATION

Florian, l'Homme et l'Écrivain, 1 vol. in-8°.

Lesage romancier, 1 vol. in-8°. *Ouvrage couronné par l'Académie française.*

Lesage, l'Homme et l'Écrivain, 1 vol. in-8°.

J.-J. Rousseau et ses amies, préface d'ERNEST LEGOUVÉ, de l'Académie française ; 1 vol. in-12.

Histoire des Théâtres de Société, 1 vol. in-18 illustré.

Nos Grands écrivains racontés à nos petits Enfants, 1 vol. in-12.

Bajazet, tragédie de Racine, édition critique, 1 vol. in-18.

Paris depuis ses origines, préface de JULES CLARETIE, de l'Académie française, 1 vol. in-4°.

Coins de Paris, 1 vol. in-4°.

La Jeune fille au XVIII° siècle. *Ouvrage couronné par l'Académie française.*

L'Université moderne, préface d'OCTAVE GRÉARD, de l'Académie française, 1 vol. in-folio.

Les Jouets, Histoire et Fabrication, 1 vol. in-4° illustré.

Rapport du Jury sur les Jouets à l'Exposition universelle de 1900. Imprimerie Nationale.

Le Monde de l'Enfance, 1 vol. in-4°.

VOYAGES ET ROMANS

Feuilles de route en Tunisie, 1 vol. in-12.

Feuilles de route aux États-Unis, 1 vol. in-12.

La Vallée fumante, roman du Far-West.

L'Oie du Capitole, 1 vol. in-4°, illustré par Vimar.

Le Carnaval de Binche, 1 vol. in-18.

Le Roman d'un agrégé, 1 vol. in-18.

Marie Petit, roman d'aventures (1705), 1 vol. in-18.

LÉO CLARETIE

L'École des Dames

PARIS

BIBLIOTHÈQUE INTERNATIONALE D'ÉDITION

E. SANSOT & Cie,

53, RUE SAINT-ANDRÉ-DES-ARTS, 53

1907

LIVRE I

ÉDUCATION

Féminisme

Vous me demandez, madame, si vous devez vous rallier au féminisme, et vous oubliez de me dire si vous désirez être émancipée.

Mais encore aimerais-je savoir ce que vous voulez faire et penser. Les mots sont des sacs qui prennent la forme de ce qu'il y a dedans.

Autrefois, le mot féminisme avait un sens gracieux, troublant ; il désignait la faiblesse tendre et passionnée, la molle élégance et l'abandon langoureux. On signifiait par lui tout ce qui touche, tout ce qui ressemble à la femme ; c'était le voile rose qui recouvrait l'idée et l'image de l'éternel féminin, dont Paul de Saint-Victor disait :

— La femme est comme la vigne : elle s'appuie et elle enivre.

Aujourd'hui, le même mot ne désigne plus la même chose, il veut dire le contraire : la révolte, les grincements rageurs d'une caste opprimée, les vociférations des meetings, l'appel au droit et au peuple, l'énergique et mâle décision de la virago.

Les mots ont leurs destins.

Je causais ces jours-ci avec une femme opprimée, une de vos sœurs, madame, et si je vous rapporte notre entretien, c'est à seule fin que vous puissiez honnir et renier cette âme sœur, si elle a mal défendu votre cause, ce qui me semble.

— Car enfin, me disait-elle u substance, n'est-il pas absurde de supposer que la femme est plus bête que l'homme ?

— C'est difficile, répondis-je. Ce nonobstant, de bons esprits ont émis et soutenu cette opinion. On lit dans les Saints Pères que l'âme de la femme est de qualité inférieure à l'âme du mâle (concile de Nicée), et que la femme est indigne de se nourrir avec de la viande, n'ayant droit qu'aux légumes (concile de Trente). Et quoi qu'il doive arriver, je citerai encore M. de Meaux, dit Bossuet, qui irrévérencieusement a défini la femme, née d'une côte d'Adam : « le produit d'un os surnuméraire. »

— Ces détracteurs sont ceux qui n'ont pas connu la femme. Mais, sachez, monsieur, que nous vous valons, et qu'à aucun point de vue, vous m'entendez, à aucun point de vue, nous ne prétendons vous le céder.

J'entrai résolument dans le carré des objections :

— Mais, fis-je, n'avons-nous pas la force physique ? Du côté de la barbe est la toute-puissance !

— C'est faux. D'abord, il y a des femmes à barbe. Celles qui ne sont point barbues témoignent par là qu'elles sont plus éloignées que les hommes de leurs origines bestiales et simiesques, et partant, plus proches de l'idéal de perfection vers lequel tend l'humanité en marche. Mais de quel front reprocheriez-vous aux femmes leur faiblesse physique, fruit déplorable de l'éducation que vous leur avez donnée, et des habitudes de vie que vous leur avez créées ? Élevez-les autrement, vous aurez des femmes robus- tes. Chez les Fuégiens, c'est la femme qui peine, qui récolte, qui bâtit, qui rame, tandis que l'époux fume et dort. Il suffirait d'un siècle de gymnastique, de sport, et, si vous voulez, d'exercice militaire, pour former une génération de femmes plus robustes que vos petits vernis !

— Nous ne serons plus là pour voir cela, gémis-je.

Elle poursuivit, animée, rosée, embellie par le feu de la discussion, car la femme est très combattive :

— Voilà pour le physique. Au point de vue intel- lectuel, je n'ai qu'à soumettre votre esprit à dix mi- nutes de maïeutique pour vous faire avouer que nous vous valons.

Je me déclarai prêt pour cette aimable séance d'obstétrique, tel et non autrement l'esclave du Ménon.

— Répondez, poursuivit mon interlocutrice ! De quoi jugez-vous qu'une femme soit incapable ? Que ne peut, que ne sait-elle faire ? Poésie ?

— Il y a Sapho et Mme Amable Tastu.

— Éloquence ?

— C'est Aspasie qui dictait à Périclès ses discours !

— Mathématiques ?

— Laura Bassi les professa à l'Université de Bo- logne !

— Le latin et le grec ?

— Il y a Mme Dacier.

— La politique ?

— Il n'y a pas grande malice.

— Et pourquoi ne citez-vous pas la reine Élisa- beth, la grande Catherine de Russie et Christine de

Suède, et Marie-Thérèse d'Autriche que ses sujets appelaient « notre roi » ?

— Il est certain qu'elles seraient aujourd'hui de crânes députés !

— Enfin vous admettez qu'une femme intelligente, active, laborieuse, n'est pas foncièrement inpate à aborder ces divers travaux, et peut se proclamer l'égale de son maître.

Je sais trop les devoirs, les égards et les déférences que le sexe laid doit au beau sexe pour m'être permis de contrarier par une objection mon aimable partenaire.

La galanterie m'imposait l'acquiescement. Mais entre nous, je persiste à croire qu'il y a tout de même entre l'homme et la femme une petite différence, comme le proclamait une oratrice de club, ce qui fit dire à un clergyman présent :

— Hurrah pour la petite différence !

Cette différence, c'est la maternité. L'humanité, à tous ses âges et à tous ses degrés, a toujours vécu jusqu'à présent dans cette idée que la femme est plutôt faite pour être mère que pour être député.

Malheureusement, ce sont deux mandats qui sont incompatibles. Les séances de nuit, les apostrophes injurieuses, la promiscuité, les pots de vin en guise de biberons, les mille occupations du Parlement seraient des obstacles variés aux devoirs maternels, ou plutôt, ils les supprimeraient, car la femme n'aurait pas plus le temps de devenir et d'être mère, que l'homme n'aurait envie de l'unir à sa destinée par les nœuds légitimes. Il n'est rien d'insupportable, dans le ménage privé, comme une femme publique, je veux dire accoutumée à se montrer en public.

De tout temps l'instinct des peuples a compris que

la femme, en sortant de la paix du foyer et de l'om·
bre de la vie privée, perdrait à la fois et l'attrait et
le respect.

Et puis il y a l'enfant !

Méditez tout cela, madame, et vous serez de plus
en plus convaincue que le féminisme est excellent
en soi et vrai théoriquement, que la femme a tous les
droits, mais qu'elle a intérêt à ne jamais les réclamer. La force de la femme? N'est-ce pas sa faiblesse?
Plus la femme est touchante et plus l'homme est
son esclave. Les pleurs d'une jolie créature ont beaucoup plus d'efficacité que l'attitude altière de la
beauté.

Le féminisme ne peut être réalisable et pratique
qu'à une condition, qui est de supprimer la maternité.

Ah ! du jour où la femme cessera d'être mère...

Mais alors, le monde finira, et il deviendra tout à
fait superflu de discuter sur le féminisme, avec lequel
j'ai l'honneur, madame, de mettre mes hommages
sous vos pieds, en vous suppliant de vous rappeler
que le plus grave défaut pour une femme, c'est d'être
un homme.

De la préciosité

Savez-vous comment notre Cyrano de Bergerac exprimait cette idée, que les rivières étaient gelées :

« Le vieux jaloux d'Hiver avait fait cela afin que les animaux n'y pussent voir leur image : il avait malicieusement tourné vers eux la glace de ces miroirs qui coulent, du côté du vif argent, et ils y seraient encore, si le Printemps à son tour ne les eût renversés. »

Je vois votre beau front se plisser comme dans un effort infructueux pour comprendre ce rébus. Eh ! quoi, ne voyez-vous point suffisamment que la rivière est un miroir poli ; quand elle est gelée, elle ressemble à un miroir retourné du côté étamé, c'est-à-dire à l'envers ; c'est le printemps qui la remet à l'endroit, en nous rendant son brillant et son reflet.

Imaginez, madame, combien était charmant le temps où l'on n'avait d'autre préoccupation que de composer des rébus de ce genre ! On ne connaissait pas le chapeau haut de forme, le pantalon long, le téléphone ni la Bourse ; les gens avaient le feutre à plume et la culotte ; les plus grands seigneurs coudoyaient et estimaient les écrivains qu'ils rencontraient à la Chambre Bleue de la rue Saint-Thomas-du-Louvre, ou à l'hôtel de la rue de Beauce, chez Sapho, née de Scudéry. Et ces gens passaient délicieusement la vie.

Les gaillardises du bon roi Henri IV leur firent ce bonheur. Ce Béarnais de Pau était lubrique. Bassompierre disait en parlant de lui : « Chacun a quelque petit faible qui l'empêche d'être parfait. Le roi avait celui des femmes à redire en lui. »

Quant aux femmes, il en avait à sa cour « de pitoyables et même ُ effrontées ».

C'est cette bouffée, cette éruption de gauloiserie qui fit naître son contraire, la préciosité. Les femmes tant soit peu délicates, distinguées et soucieuses ue pudeur, se retirèrent de la cour et se réunirent entre elles, dans cette Chambre Bleue qui attira tout le bel esprit, et qui fut la chambre ardente de la galanterie noble et raffinée.

Est-il rien de plus charmant, de plus doux, de plus exquis, de plus tendre ! Vive la préciosité, madame ; ceux qui en médisent ne la connaissent pas, ou la connaissent mal.

Vous dites : « la préciosité ? Ah ! oui, je sais, les *Précieuses Ridicules* de Molière? »

Et voilà bien où gît le lièvre. Si vous vous fiez à Molière, vous aurez l'idée la plus fausse, car Molière n'a rien compris à la divine préciosité.

Et comment eussiez-vous voulu qu'il y comprît quelque chose ? Né dans la boutique d'un tapissier, au centre du quartier des Halles, élevé dans la rue et sur le Pont-Neuf, devant les tréteaux de Tabarin, il fut tout ce que vous voudrez : gai, grivois, gaulois, joyeux drille et hilare luron, ami de la grasse farce et du mot cru ; il faut l'expurger pour le donner à lire aux jeunes filles ; mais il ne fut jamais homme du monde, fin, distingué, délicat, spirituel : il n'a pas fait un mot d'esprit. Il ne sait pas ce que c'est qu'un salon. Ah ! le pauvre homme !

Un salon ! Sentez-vous madame, tout ce qu'il y a de charmant, de neuf, d'essentiel, dans ce mot moderne, moderne comme la chose. L'antiquité ni le Moyen Age n'ont pas connu les salons; en ce temps-là, les hommes chassaient, guerroyaient, péroraient, fréquentaient l'agora, puis le forum, puis les forêts giboyeuses. Et la femme? Je n'ose vous dire, madame, l'unique usage auquel ils la réservaient.

Le règne de la femme date des Précieuses; car la chevalerie, à ce point de vue, a été un leurre et une décevance. Était-ce donc être reine, pour la femme du Moyen Age, que de vivre retirée au fond d'un noir et épais castel à donjon, à échauguettes et à mâchicoulis ? Elle passait là une vie assommante, n'ayant pour se distraire que le trouvère de passage ou le capitaine des gens d'armes du guet, tandis que le mari croisé se faisait occire par les Sarrasins. En revanche, quand son bien-aimé descendait dans la lice du tournoi pour cabosser la cuirasse de l'adversaire avec une longue perche, il mettait à son cimier les couleurs de sa dame. C'est là une vulgaire galanterie de toréador ou de gymnasiarque avant ses exercices. Il n'y a pas une grisette ou une mañola de Séville qui ne connaisse et ne reçoive des hommages de ce genre. Là se bornait l'empire de la femme au Moyen Age. Si nous revenions à cette chevalerie si inconsidérément chantée par les poètes, madame, vous verriez quel mépris et quelle négligence elle comportait à l'égard de ce sexe, qu'on dit qu'elle adora.

Non, madame, le plein air est l'empire de l'homme, et le royaume de la femme, c'est le salon. C'est dans la conversation, dans le charme des réunions mixtes, dans les propos galants ou doucement sérieux, dans le flirt, dans le badinage, dans l'atmosphère chaude et parfumée de ces serres d'hiver, que la femme trône et domine. L'importance de son rôle dans les destinées de l'humanité et de sa place dans la société a crû avec le développement et l'extension des salons. Jamais la femme fut elle aussi grande reine qu'au cours de ce charmant xviiie siècle, pour lequel je partage votre intelligente prédilection? C'est par les salons qu'elle régna, parce qu'elle sut y dominer, y donner le ton, y guider les entretiens, y diriger les sujets et y faire taire les ennuyeux.

On raconte que Mme du Deffand, étant devenue aveugle, se tenait toujours au coin de sa cheminée, recevait et gouvernait son salon comme par le passé; les oreilles sont plus nécessaires que les yeux pour cet office.

Un jour, elle entendit une conversation qui ne lui plut pas. Elle demanda tout haut :

— Quel est donc ce mauvais livre que vous lisez-là ?

C'était Rivarol qui parlait. Cet homme spirituel fut cloué, il ne trouva rien à répondre.

Rivarol l'indomptable, le fougueux répliqueur, le riposteur à tous crins, avait trouvé son maître : et ce fut une maîtresse de salon.

Croyez-le, madame, c'est là votre domaine, votre empire : et c'est aux Précieuses que vous le devez.

Étudiez-les, connaissez-les de plus près, et vous les apprécierez mieux, et vous vous repentirez d'avoir ri aux farces de Molière. On a le tort de trop généraliser. Molière n'a vu que les ridicules auxquels ont abouti, sur quelques points, les Précieuses, après un règne intègre, glorieux et pur de quarante années méritoires. Tartufe n'avilit pas la vraie dévotion.

Pourquoi Cathos entacherait-elle de ridicule des femmes de grand esprit, fort supérieures à beaucoup des nôtres, à coup sûr?

Sur quel point, je vous prie, sont-elles attaquables ? Elles ont voulu trois choses, et aucune des trois ne fut mauvaise ni vaine.

1° Elles ont travaillé à améliorer et à enrichir la langue, à simplifier l'orthographe surchargée de lettres parasites et baroques par le pédantisme solennel des clercs, à créer des expressions nouvelles : et pourquoi en riez-vous avec Molière, puisque vous usez vous-même d'un nombre considérable de locutions qu'elles ont créées et que vous leur devez ? Celles-là vous font sourire qui n'ont pas fait fortune ; mais songez aussi à toutes celles qui sont demeurées et dont la langue française a profité. Je vous entends vous ébaudir parce que Cathos dit en parlant d'un fauteuil :

— Contentez donc l'envie que ce fauteuil a de vous embrasser.

Que devriez-vous donc faire, en conscience, quand vous dites couramment, et après Cathos, les « bras » d'un fauteuil ?

La langue française a retenu et ajouté à son fonds un grand nombre d'expressions dont elle est redevable aux travaux de ces Précieuses.

2° Elles ont affiné, raffiné, épuré, ennobli l'amour. Elles ont voulu que la femme cessât d'être l'instrument de la Nature curieuse de se perpétuer ; elles ont tenté d'élever la femme au-dessus de l'homme par le pouvoir de la distinction, de la discrétion, de ce charme subtil, cette fleur d'urbanité, ce fin duvet de la galanterie salonnière qui s'abrite sous l'éventail, dans la grande lumière des lustres.

Les Précieuses sont les femmes du monde qui ont fait et compris le féminisme de la façon la plus noble, la plus spirituelle et la plus sûre, parce qu'elles ont su amener l'homme sur le terrain de leur choix, là où elles se savent fortes et supérieures.

Et n'est-ce point là encore une belle justice à leur rendre, que de reconnaître en quoi et comment elles ont su entourer l'éternel féminin de respect, de politesse et de timidité, comment elles ont réfréné et bâillonné les instincts physiques et furieux de la brute qui sommeille chez l'homme, pour l'amener, apprivoisé, assoupli, enrubanné, le coude arrondi, la taille penchée, la main sur le cœur, à saluer avec crainte et douceur cette majesté conquise de la Femme ?

3° Elles ont milité en faveur de l'instruction complète de la femme. Ce n'est pas sur ce point non plus qu'il faut les reprendre ; nos idées modernes sur ce sujet ont bien rattrapé, et même dépassé leurs espérances.

Allez voir jouer les *Femmes savantes*, cette comédie où Molière a maladroitement fait le procès de l'instruction de la femme. La satire en est presque toute émoussée, et le comique en est singulièrement affaibli ; nous avons réalisé les utopies qui amusaient autrefois, et nous avons pleinement donné raison à ces Précieuses tant décriées.

Ce n'est pas à dire qu'elles furent exemptes d'exagérations et de ridicules. Elles en eurent, si l'on veut, à foison. Le tort commence quand on refuse à leurs mérites un peu de toute l'attention qu'on prodigue à leurs défauts. Quoi ? elles ont appelé une bougie « le supplément du soleil » et elles ont dit, au lieu de : peigner ses cheveux, « délabyrinther sa

chevelure » ? Elles s'amusaient, et vous les prenez
trop au sérieux dans leurs heures de badinage.

C'est comme leur fameuse carte du Tendre. J'en-
tendais, ces jours-ci, dans une de ces séances littéraires qui reviennent à la mode, lire la description
qu'en a écrite Mlle de Scudéry. Mais c'est charmant,
amusant, exquis ! C'est un divertissement dont ces
femmes intelligentes n'étaient pas plus les dupes que
nous-mêmes, mais qui avait assurément de quoi
plaire dans des réunions *select*, qui n'étaient, ni un
cercle de jeu pour le *bridge* ou le *poker*, ni une réu-
nion électorale.

Ces Précieuses ont été des femmes délicieuses.
Cyrano de Bergerac eut du nez de les fréquenter,
quoique de son vivant, j'eusse sûrement payé cette
phrase d'un coup d'épée. Mais vous, madame, comment pourriez-vous vous dispenser sans ingratitude
d'aimer et de vénérer ces tout aimables ancêtres,
dont le charme fit renoncer les hommes au vocable
commun : « les femmes », pour le remplacer par un
galant néologisme, « les divinités sensibles? » A cela,
vous rendrez les armes. Que ne fait-on passer avec
un peu d'encens!...

Les épistolières

Le timbre à dix centimes est un bien grand coupable. Il a tué un genre délicat et autrefois prisé, le genre épistolaire. C'était fatal. Plus vous facilitez les moyens de correspondre, plus vous les avilissez, plus ils perdent leur prix et leur intérêt.

Quand vous écrivez à votre amie de pension qui s'est mariée là-bas, à Melbourne ou à la Havane, vous vous étalez, vous avez l'écriture prolixe ; vous sentez que ce ne serait point la peine d'envoyer si loin une missive, qui va demeurer si longtemps en route, si c'était seulement pour dire : « Madame, il fait grand vent. »

Voilà le grand principe que méconnaît outrageusement notre administration postale, que l'Europe a l'aplomb de nous envier : plus vous multipliez les relations par les communications postales, et plus vous frappez cruellement le genre littéraire de la correspondance.

A ce jugement sévère, apportons tout de suite ce léger correctif, que l'administration postale tout entière n'est pas sous le coup de ce reproche. Dans toutes les administrations, il y a de bons employés, et il y en a de mauvais. Dans le nombre, il en est d'intelligents, qui se rendent admirablement compte du danger et qui le combattent ; et ce sont ces humbles agents, ces facteurs, gens experts mais inconnus et calomniés, dont la sollicitude pour l'avenir des genres littéraires de leur patrie est grossièrement mise sous le nom d'incurie ou d'indolence !

Quelle erreur ! Indolence, quand une lettre traîne deux jours sur la table du bureau avant de partir ? Incurie, quand elle prolonge son stage obscur au fond de la boîte factorale ? Est-il possible que le public soit aussi borné ? et que dire quand on l'entend stupidement protester parce qu'une lettre a deux jours de retard ? O France ! peuple autrefois à la tête des nations littéraires !

En réalité, ces délais dans l'arrivée des courriers sont d'intelligentes entraves apportées aux distributions postales par de méritoires fonctionnaires, qui ont la triste et pleine conscience que le génie épistolaire va chez nous sans cesse se perdant.

Et comment voulez-vous qu'il en soit autrement ? Quel congrès de gens de lettres se réunira jamais pour intenter une action contre le ministère des postes sous le chef d'avoir aboli la lettre ?

Eh ! non ! on n'écrit plus. Cela ne vaut plus la peine ! O trop charmante Haydée qui faisiez tenir chaque matin un doux billet à votre chevalier d'Aydie ! O belle duchesse du Maine qui correspondiez de si accorte façon avec le spirituel, quoique aveugle, Lamothe ! O fine demoiselle de Lespinasse ! O froide du Deffand, et voluptueuse Tencin, et vous toutes, créatures adorablement épistolières dont l'âme fondante se répandit, se volatilisa en un millier de billets et de lettres, dont nous retrouvâmes les liasses embaumées sous les ruines fumantes laissées par la Révolution et l'Empire, vous toutes, voilez-vous la face, de peur de rencontrer, de vos regards pâlis, vos petites nièces à l'heure du courrier. Mais c'est trop tard ; du sein de l'Empyrée où elles habitent, les aïeules ont vu, et j'entends leurs clameurs :

— Cidalise !

— Araminte !

— N'est-ce point votre petite fille, là-bas ?

— Si fait, ce l'est. C'est la jeune marquise Saint-Hubert, qui épousa ce riche saucissonnier de Chicago.

— Ah ! fi ! Mais que fait-elle ? Avez-vous point votre obligeante ?

— Si fait. Je vois. Elle est dans un de ces lieux publics appelés bureaux de poste ; et elle s'enferme dans une cage capitonnée pareille à un cercueil mis de champ.

— Vous m'effrayez.

— Elle approche ses lèvres d'un petit rebord qui ressemble à une console pour un bougeoir de vestibule. Elle se met sa tabatière sur l'oreille...

— Sa tabatière ?

— Dame ! c'en a tout l'air, et elle est bien laide, ronde, noire, sans une miniature sur le plat, sans un cercle d'or... Et elle répond ainsi à son amant qui lui donne rendez-vous. Heureusement qu'il ne la voit pas : sa posture chasserait les amours, pour toujours, comme fredonnait si galamment le chevalier...

Et Cidalise et Araminte blâmèrent fort la jeune marquise pour son manque aux convenances et au goût. Imaginait-on de parler d'amour devant cette console de buis ?

De leur temps, le petit bureau était de bois de rose et occupait l'embrasure de la large fenêtre à petits carreaux ; le fauteuil était bas, garni de coussins en satin de couleur tendre ; l'encrier était une rare pièce de ciselure galante ; le papier, coupé en grandes feuilles, fleurait bon l'extrait de jacinthe ; le bâton de cire était là, près du petit bougeoir d'argent et du cachet, dont le manche était une voluptueuse figure de la mythologie. Dès qu'elle ouvrait les yeux, à deux pas de là, dans son lit bas et moelleux, Cidalise revêtait sa douillette, chaussait vivement ses mules rouges et courait au bureau pour confier au papier toutes les pensées d'amour que lui avait apportées, dans ses gerbes de pavots, la Nuit, fille de la Terre.

Alors la plume d'oie courait en chantant sur la feuille très large et y dessinait ces traits d'une grande écriture arrondie, que nous retrouvons aujourd'hui, jaunie et pâlie, sur les manuscrits que le temps a recroquevillés entre les rubans décolorés. Et ce n'était ni par téléphone, ni par tube pneumatique qu'elle écrivait à son amant absent :

« Il est vrai, ami, que la peinture que vous me faites des maux que l'absence vous fait endurer est assez vive, et je devrai m'avouer fort satisfaite de vous si cette peinture n'est pas moins vraie qu'elle est touchante. Mais comment pouvez-vous soutenir qu'il soit impossible de souffrir plus que vous faites, quand vous savez que je ne vous ai pas près de moi ? Je néglige tous les devoirs de la société pour m'occuper uniquement de ma tendresse. Je déteste tous les objets qui peuvent un instant détourner de vous ma pensée. Je ne prends de plaisir qu'à rappeler à mon esprit vos serments et vos promesses. Mais, dites-moi, faites-vous seulement réflexion qu'il y a trois grands mois, trois siècles, que nous vivons séparés l'un de l'autre ! Votre absence ne finira-t-elle jamais ? Quand cesserez-vous de ser-

vir sous les drapeaux de Bellone, pour vous ranger sous les étendards de l'Amour ? N'avez-vous
point d'impatience de retrouver le joug de votre
maîtresse qui est votre servante ? Ah ! Dorante
dites-moi que vous l'avez; hâte-toi, je t'attends dans
la fièvre et l'insomnie. Dis-moi que tu vas revenir.
C'est la seule assurance qui soutienne ma vie et
qui m'empêche de succomber sous le poids de ton
éloignement. Qu'il te vole de plaisirs, cher Dorante !
Ah ! si vous y pensiez seulement, vous auriez peine
à tout ce que vous perdez et vous voleriez dans mes
bras. »

C'étaient des choses semblables, ou à peu près,
qui s'écrivaient sur les petits bureaux Louis XV en
bois de rose. Mais allez donc griffonner cela sur un
petit bleu pneumatique !

Elle est irrémédiablement pneumatique, la correspondance épistolaire de nos jours. C'en est fait. On
ne sait plus ce que c'est qu'une lettre. Cela n'a plus
d'importance, d'intérêt, ni de valeur. S'il le faut, on
en écrira trois, quatre ou plus dans un seul jour à
la même personne : mais quelles lettres ! quel style
télégraphique, essoufflé, asthmatique. L'amour même
y parle bon nègre.

Autrefois, une lettre courte eût été une injure ou
un congé. On parle encore de celle que la comtesse
de Maugiron écrivait à son mari :

« Monsieur,

« Je vous écris parce que je n'ai rien à faire. Je
finis là parce que je n'ai rien à vous dire.

MARIE DE SASSENAGE, fort fâchée d'être comtesse
de MAUGIRON. »

Aujourd'hui, on n'en dirait même pas si long pour une déclaration d'amour. Le papier à lettre n'a de chic qu'à la condition d'être étroit, étriqué, tout petit, de façon à être rempli par un mot à la poste. Où sont les bonnes feuilles d'antan, quand l'aimable et irrésistible duc de Richelieu jetait chaque matin à la corbeille un paquet ficelé de lettres parfumées qui étaient des déclarations de femmes : et il écrivait dédaigneusement au-dessus :

« Lettres auxquelles je n'ai pas le temps de répondre. »

Aujourd'hui, la devise est : « N'écrivez pas ! » Les seules lettres de femmes que nous ayons à lire, ce sont celles que nos romanciers imaginent, que des femmes fictives ont écrites.

Jadis, une lettre à écrire était un petit événement et une joie ; on s'y appliquait, on y faisait briller tout ce qu'on pouvait. Dame ! le courrier ne partait pas souvent ! Le port coûtait cher.

La route était longue. Aussi se donnait-on la peine d'écrire. Et avec quelle impatience la lettre était reçue ! On la lisait, on la relisait, on invitait les voisins à l'audition, et comme la missive était jolie, un petit bijou de style alerte et preste, on la couchait soigneusement dans un beau coffret d'où elle ressortait souvent plus tard, dépliée pieusement par la petite fille qui vénérait sa grand'mère.

Ces temps sont loin. Si on a le sujet d'une belle lettre à composer, on en fera un article à publier, pour en tirer parti et profit. Le petit public restreint qui suffisait à la lettre de jadis ne nous suffit plus. Il faut la foule.

On imprimait récemment des lettres adressées par Renan à Berthelot au cours de son voyage en Italie, en 1850. Ah ! les pages exquises ! Écoutez !

« Vous n'imaginerez jamais, non jamais, ce que c'est que la religion de Naples. Dieu est aussi inconnu dans ce pays que chez les sauvages de l'Océanie. Il n'y a pas de Dieu pour les gens, il n'y a que des saints. Et ces saints que sont-ils? Non pas des modèles de religion ou de morale : des thaumaturges, des espèces de magiciens surnaturels, par lesquels on peut se tirer d'embarras quand on est malade ou dans quelque mauvais pas. Il y a des saints pour les voleurs, et j'ai vu de mes yeux des *ex-voto* où le voleur est représenté délivré par le saint des mains des gendarmes. »

Je vous entends : Comment ! C'est une lettre, cela? Il écrivait de si charmantes choses pour un ami, pour un seul homme? Il le gâtait. Il tirait mal parti de ces perspicaces réflexions.

Aussi, vous voyez, par une sollicitude posthume, on s'empresse de le mettre au goût du jour ; la lettre devient article de revue, payé à la ligne.

Le timbre à dix centimes est la mort du style épistolaire. On va s'écrire dix fois par jour, et chaque fois on ne se dira rien. Ce bon marché fait l'affaire du monde des affaires. Il navre les délicats. J'ai compté sur vous, madame, pour un résultat qui vous vaudra une place dans les futures histoires des genres littéraires; exercez sur le ministre épistolicide le charme de votre influence pour qu'il établisse un double tarif sous deux couleurs bien distinctes : l'un, à vil prix, pour les marchands, l'autre qui sera réservé à la correspondance littéraire. Même prix qu'au temps de la Sévigné. Comme ce sera le destinataire qui payera le port, je n'ose pas souhaiter que ces lettres soient

tarifées d'après leur valeur et leur mérite ; car à la
troisième que je recevrais de vous, madame, je serais
ruiné.

La femme et le droit

Après tout, et pourquoi donc une femme ne plaiderait-elle pas? Que faut-il donc de si rare et de si précieux pour plaider ? En quoi cet office est-il inaccessible au beau sexe? Est-ce qu'une femme ne vaudrait pas un mauvais avocat, ou même un bon ? Qu'est-ce enfin que plaider?

Plaider est un des offices en quoi la femme semble le mieux exceller. Voyez dans les ménages, si la cause remise aux soins de l'épouse n'est pas en bien meilleures mains qu'entre celles de l'époux. Vous voulez obtenir un service, un poste, une recommandation de quelque personnage, et aussitôt vous dites : « Madame une telle connaît sa femme, elles sont amies de pension; cela aura toujours plus de poids. » Ainsi, dans la vie ordinaire, la femme est considérée comme une excellente avocate, et le dicton populaire a consacré ce pouvoir par l'adage connu : « Ce que femme veut, Dieu le veut. »

Voilà pour la vie ordinaire ; à *fortiori*, au palais. Pour plaider, que faut-il?

Quelques avocats étudient les dossiers avant la vacation, pour préparer la plaidoirie. Mais chacun sait que cette formalité n'est pas obligatoire, et que quelques-uns s'en dispensent, par la crainte que la connaissance trop approfondie de l'affaire ne gêne le flot de leur faconde.

On ne saurait donc objecter que la femme est incapable d'un travail soutenu et continu,ce qui est inexact.

Elle lira les dossiers aussi bien ou aussi mal qu'un citoyen avocat, s'il en est besoin. Mais on affirme qu'il en est rarement besoin.

L'audience arrive. Il faut parler.

Ah! messeigneurs!est-ce que parler a jamais gêné une femme? N'est-ce pas au contraire le propre du beau sexe d'exceller par une certaine volubilité qui lui assure le privilège de faire résonner durant des heures ce que les gens mal élevés appellent sa tapette? N'est-ce pas là une condition excellente pour briller dans le barreau?

— Mais ce n'est pas tout de bavarder. Il faut prouver.

Rien n'est moins démontré. Jadis, un avocat n'était tenu que de faire des pointes d'esprit et de l'érudition ; il racontait l'histoire du capitaine Agésilaüs à propos d'une facture de boulanger, et il fallait le faire se hâter en lui disant : « Ah ! passons au déluge ! » Cela a un peu changé, mais guère. D'ailleurs, quand il s'agit de prouver, il n'y a que la femme pour y emporter la paille. Elle raisonne faux, elle raisonne mal, mais elle raisonne, — et elle résonne. Elle fait tout le bruit désirable autour de ce qu'elle croit être la vérité, et qui n'est souvent que son caprice. Elle est enragée, acharnée ; elle se cramponne à son idée, n'en démord plus, s'agrippe à sa conviction et y demeure attachée comme une abeille sur une fleur. Vîtes-vous onques une femme convenir de son tort ?

La femme avocat sera mille fois plus emportée, plus possédée, plus emballée que le plus fougueux avocat. Avec cette facilité et avec cette faculté que les femmes ont, au suprême degré, de croire ce qu'elles disent ou inventent, d'être les premières dupes de leur imagination et de leur propre suggestion, les avocates se passionneront pour leur cause de façon fantastique. Comme elles seront plus nerveuses, elles en feront leur propre affaire ; quand elles diront : « Nous avons été volée, ou violée », elles se persuaderont qu'il s'agit vraiment d'elles, et pour un instant, le gain du procès deviendra le but unique de leur vie. Celle qui perdra sa cause en concevra un dépit mortel ; on assistera, au banc des avocates, à des scènes de rage et de nerfs ; une femme qui croit à la bonté de sa cause n'admettra jamais que le juge ne lui donne pas pleinement raison ; elle serrera les dents et les poings, se trouvera mal, invoquera les puissances des ténèbres. Pourra-t-on rêver jamais d'être mieux défendu ?

J'entends bien vos objections, madame, et je crois les comprendre. Vous vous demandez si la femme avocate sera bien apte à remplir tous les devoirs de sa profession, et vous cherchez à vous représenter quel sera l'emploi de sa journée. Le matin, de bonne heure, lever, déjeuner ; lecture des journaux, des revues de droit ; étude des dossiers. A onze heures, déjeuner rapide, afin d'être à midi au Palais.

Le soir, Madame l'avocate rentre vers six heures, selon la longueur des audiences ; elle dîne, expédie le courrier et les affaires courantes, et se repose pour recommencer le lendemain. Voilà qui va bien. Mais, comment ira la maison ? Quand trouvera-t-elle le temps de signifier les menus à la cuisinière, de vérifier le livret de la blanchisseuse, celui du boucher et de l'épicier, de marquer les ouvrages d couture urgents à faire, de surveiller l'époussetage, de veiller à la santé et à l'instruction de l'enfant, de dire bonjour à son mari? Ah! monsieur, que d'inconvénients! Tantôt, elle aura ses vapeurs, ses migraines périodiques; elle sera plus nerveuse et plus irritable une fois par mois; parfois, il faudra remettre une affaire pour cause de couches: et songez encore à la joie divertissante de ces MM. les magistrats, qui passent, à tort ou à raison, pour de petits polissons, quand l'avocate fera partie du huis clos et devra ne pas rougir devant les détails les plus circonstanciés des affaires de mœurs. Mais laissons cela, et songez encore à son embarras quand elle devra passer sa vie à accuser la partie adverse, à demander des sanctions, des punitions, des amendes, de la prison, quand elle se sentira érigée en justicière, elle dont le rôle sur la terre semblait devoir être la douceur, l'indulgence, le pardon et l'oubli.

Je comprends vos remarques, madame, et je n'en suis pas autrement frappé. Car vous ne me paraissez pas suffisamment pénétrée d'une chose, qui est la nécessité pour l'avocate de dépouiller entièrement son sexe, de n'être plus femme et, par conséquent, de n'avoir besoin d'être ni femme d'intérieur, ni épouse, ni mère, ni rougissante.

D'autre part, comme elle n'est pas homme, elle deviendra ce qu'on appelle jusqu'à présent, faute de mieux, troisième sexe.

Ah! le vilain sexe! Il n'est utile qu'à lui-même. Il ne sert de rien au monde. Le troisième sexe, c'est la femme qui gagne sa vie, et qui vit, qui ne meurt pas de faim. Voilà tout. Elle eut pu se marier, être protégée par un mari chargé de sa subsistance. Mais, dans sa condition, elle n'eût été acceptée que par un ouvrier ou un petit employé. Il lui fallait un prince. Elle a préféré rester seule. Elle a débuté par l'orgueil. Elle continue par l'égoïsme. Il faut n'être plus femme pour un liard, quand on veut être avocate. Le rôle de la femme, c'est de vivre cachée et modeste. La vraie femme déteste le spectacle et le cabotinage. Quand vous voyez une femme qui aime à parader en public, ce n'est pas fort bon signe. Il n'est pas décent qu'elle ait, comme on dit, autant et plus de toupet qu'un homme. Le seul toupet que nous lui permettions est celui que le coiffeur lui donne. Sinon, elle perd du coup son charme, son attrait et, partant, son pouvoir : elle nous déplaît.

Ce qui est regrettable dans la profession d'avocate, c'est la publicité qu'elle comporte et exige. Une femme écrivain vit chez elle. Une avocate, c'est Mme Benoiton qui pérore.

Encore, si l'on disait que le droit est une science bien féminine. Hélas ! la femme pour l'ordinaire s'en éloigne en faisant la moue.

Il n'entre pas encore dans nos mœurs qu'une femme soit en posture de savoir ce que c'est qu'un contrat, un engagement, une dette. Elle se marie et elle signe sans savoir ce qu'elle fait. Elle s'en apercevra plus tard. Voyez ces petites élèves du Conservatoire qui souscrivent dans la plus profonde ignorance à des engagements de théâtre : les directeurs en profitent pour leur imposer des clauses draconiennes.

Ce que je comprends, c'est que la femme proteste d'être tenue dans une minorité injurieuse, d'être écartée, dans son veuvage, de la tutelle de son enfant, et mille autres vexations d'un autre âge.

Il faut lui consentir des droits et la reconnaître

personne civile, sous peine d'incivilité. Il faut lui apprendre, ce qu'on a tort de ne pas faire, des notions de droit usuel, pour qu'elle sache ce qu'elle fait.

Les droits des femmes ? Pour ma part, je leur en donnerais tant et plus. Je ne leur demanderais qu'une chose, c'est de bien aimer tout de même leur foyer et leurs enfants, d'abjurer le cabotinage, de ne jamais paraître devant le public, et de ne pas monter sur les planches, avec lesquelles, madame, je suis, etc.

La femme et la gymnastique.

Madame, ne trouvez-vous pas que dans l'éducation de vos filles, la gymnastique est un élément à peu près négligé ? Est-ce oubli volontaire ? Est-ce une omission imprudente? Le législateur fit-il preuve de téméraire légèreté? ou bien agit-il en pleine connaissance de cause et de propos délibéré ?

Les droits éternels et imprescriptibles de la vérité nous obligent à constater que le discrédit où est tombée la gymastique au cours de l'éducation féminine est le résultat d'un calcul.

Les hommes, en général, et les Européens en particulier, se targuent assez volontiers de leur supériorité musculaire comparativement à la femme. Ils mettent un malicieux orgueil à appeler le sexe féminin le sexe faible.

A vrai dire, dans l'état actuel des choses, le fait est patent. Toutes choses égales d'ailleurs, un débardeur est plus fort qu'une débardeuse, non seulement parce qu'il n'y a pas de débardeuses, mais encore parce que c'est dans l'ordre.

La continuité et l'habitude sont maîtresses d'erreur en ce sens qu'elles nous induisent à croire que le contingent est nécessaire. Il y a longtemps que nous voyons les femmes être physiquement moins fortes que l'homme, et nous nous imaginons fallacieusement que cela doit être, puisque cela est.

Ah ! madame, gardez-vous, je vous en conjure, de ces jugements préventifs et mal assis. Ne croyez pas que la continuité engendre la validité ; ne dites jamais : Cela sera, parce que cela a été. Par Minerve ! quelle défectueuse méthode dans l'art de ratiociner ! Eh quoi ? De ce que, jusqu'ici, le soleil s'est levé tous les matins, vous vous prétendriez assurée qu'il se lèvera sûrement encore ? Et qui ou quoi donc vous donne, je vous prie, pareille assurance ? Qui vous dit qu'un incident imprévu ne va pas, en une seconde, bouleverser l'harmonie fragile des univers et des espaces ?

La seule certitude que vous avez, c'est que cet incident ne s'est pas encore produit, et qu'il est attendu depuis des milliers de siècles, qui sont quelques tierces de secondes au regard de l'éternité. Parbleu ! s'il s'était produit, nous n'hésiterions ni vous ni moi, et je n'aurais pas en ce moment le plaisir délicat et choisi de vous écrire. Mais voilà tout ; vous ne savez pas autre chose, et vous ignorez tout de ce qui se passera demain. Et s'il me plaisait de parier avec vous que demain le soleil ne se lèvera pas, même derrière les nuages, je prétends que mes chances seraient égales aux vôtres, car vous n'avez, vous, d'autre atout que la continuité des levers de soleil tous les matins dans le passé. Quelle base fragile pour étayer l'avenir !

Si je ne parie pas avec vous, madame, c'est par la certitude où je serais de faire un marché de dupes. Car si je perds, je devrai payer ; mais si je gagne, nous serons tous deux dans un tel patouillis d'écrabouillement que nous n'aurons plus le loisir de songer à nos dettes.

Que le soleil est merveilleux ! j'ai l'air de m'éloiguer de mon sujet, qui est la gymnastique, et j'y suis en plein. Car nous disons que la femme est faible, uniquement parce qu'elle a été faible. Qui nous dit qu'elle le demeurera ?

Il dépend d'elle. Le plus superficiel examen physiologique nous apprend que la faiblesse physique de la femme est acquise, et non innée et congénitale.

Une femme est ce qu'elle veut. Voyez la houri orientale. A quoi sauriez-vous mieux la comparer qu'à une jolie truie blanche? Cela mange, boit, dort, se gave de confitures, ne sait rien, ne songe à rien, a la cervelle creuse comme un dé à coudre, s'effondre sur des coussins, bâille, engraisse, déborde de partout, étale des formes gélatineuses et flasques : c'est le plus pur produit de la vie bestiale et exclusivement matérielle.

Mettez à côté d'elle la jolie Parisienne, toute occupée de ses chiffons, lancée dans la vie mondaine, s'attardant le matin au lit, paresseuse et frivole : son corset la serre à la déformer; son existence fiévreuse la surmène et l'énerve ; elle n'a pas d'appétit, grignote comme une souris et subit dans son état sanitaire le contre-coup fatal de son mépris pour la bonne hygiène. Ce n'est pas non plus celle-là qui amènerait quatre cents kilogrammes sur la tête de Turc.

Oui, dans l'état actuel, la femme est délicate et faible. Mais qui vous dit qu'elle l'a toujours été ?

Les tribus sauvages sont des peuples en retard. Ils nous présentent un tableau de ce qu'était l'humanité dans les temps écoulés. Or, la jeune sauvage n'est ni faible, ni délicate, comme nous l'avons déjà constaté une fois. C'est elle, au contraire, qui a la charge de tous les travaux pénibles, qui bâtit, construit, laboure, porte les bagages, les enfants, la torche pour le feu.

Je sais bien, madame, que vous répudiez toute solidarité avec cet être rudimentaire, cette créature cuivrée, qui est vraiment trop rebondie de partout. Moi-même, je l'avoue, quand je vous vois traverser la Place du Théâtre-Français, poser délicatement vos petits pieds finement chaussés, relever votre jupon bruissant de votre main gantée de blanc et enchaînée d'un bracelet d'or, je pense comme vous en moi-même :

— Comment est-il possible que cette jolie personne soit la sœur de la Fuégienne lippue qui écope les pirogues, vêtue d'une ceinture imparfaite d'étoffe rayée, souriant de ses lèvres énormes et foulant de son orteil gris et dur les petits scorpions qui tombent des cactus ?

Mais la loi est ainsi. Vous êtes toutes deux femmes. Quand des siècles de civilisation auront poli la partie du globe terrestre qui est demeurée fruste, ma Fuégienne aussi aura des bracelets et éclaboussera les peuples de son luxe raffiné et élégant. En ces temps-là, apparemment, sa force physique aura disparu, et elle sonnera son valet de pied pour lui ramasser son mouchoir.

Votre ancêtre très lointaine, madame, fut aussi vigoureuse que ma Fuégienne d'aujourd'hui. Quand un ours venait sur elle, pour faire son repas de son petit garçon, elle tuait l'ours. Si vous voulez vous rendre compte de la distance qui vous sépare de votre grand'mère, rappelez-vous votre effroi quand vous entrez par aventure dans la baraque d'un dompteur. L'ours vous mangerait sans peine avec votre petit garçon.

Vous avez donc dégénéré.

Voilà le terme propre. Non, madame, vous n'êtes ni délicate, ni faible. Vous êtes dégénérée, sauf votre respect.

Il y a des femmes fortes. Il y en avait dans la Bible. Celles que nous possédons aujourd'hui ne sont pas, à la vérité, très fortes. Les plus beaux spécimens sont les hercheuses des mines houillères, les pêcheuses de la mer, les maraîchères, et ces dames du cirque Molier. On ne peut pas dire que ce soit mauvais comme force. Mais on peut rêver encore mieux.

Il y manque une chose capitale, qui est un long atavisme. Ces femmes-là se sont faites elles-mêmes et le résultat est louable. Mais elles ont dans le sang des ascendances fâcheuses, et des héritages de molasserie.

Imaginez le contraire, une longue et continuelle série de générations féminines toutes conçues, formées, élevées dans le souci du développement physique et de la force musculaire, chacune apportant à la suivante les acquisitions du passé. Ah! madame, ce serait terrible! Je vous donne rendez-vous dans deux ou trois mille ans, sous quelque forme que vous existiez alors ; surtout, ne vous gênez pas, venez comme vous serez, et excusez-moi d'avance si l'apparence extérieure que mon âme aura revêtue à cette date, n'est pas celle que vous eussiez désirée. Nous ne sommes pas maîtres de nos âmes après notre mort. Nous en sommes déjà très peu les maîtres pendant notre vie. Je crois, qu'au fond, nos âmes, cela ne nous regarde pas. Elles sont régies et dirigées par des puissances supérieures et inconnues qui ne nous consultent pas. En nous quittant, elles recevront l'ordre d'aller habiter la garnison qui leur écherra, bête, légume ou homme. Elles passent quelques instants avec nous, et nous nous forgeons l'illusion d'être à ce moment-là des personnes. Nous ne sommes que des lanternes. La mort, c'est l'instant où la lampe est retirée ; mais la lampe va ailleurs. Nous assistons seulement à la vie des corps, à leur durée, à leur fin. Nous ne savons rien de la vie des âmes, qui a, apparemment, une durée plus longue. Il y en a qui affirment que cette durée est éternelle. Comment le savent-ils ? La lampe peut durer plus longtemps que la lanterne, mais elle s'use aussi.

Fermons cette discussion oiseuse. Elle a déjà été ouverte quelques milliards de fois ; elle n'a jamais abouti. Ce n'est pas pour que nous puissions y faire chaud ou froid.

Vous me prendrez donc comme je serai, n'est-ce pas, madame, dans deux ou trois mille ans, à charge de réciprocité, et nous nous donnerons le malin plaisir de regarder la femme d'alors, la femme régénérée. Si pendant tout ce temps-là elle a consciencieusement et continuellement fait du sport de mère en fille, vous verrez le résultat.

Malheureusement, je crains que vous ne le voyiez pas, pour deux raisons : d'abord, nous n'y serons plus, et puis les femmes ne feront pas de gymnastique.

Elles ont perdu l'habitude de peiner. Elles ont pris celle de ne rien faire qui durcisse l'épiderme. Elles sont devenues délicates et tendres. Il se trouve que ces qualités nouvelles ont plu aux hommes, qui préfèrent une femme moelleuse à une femme dure-à-cuire. Comme le charme de plaire à l'homme est le plus clair de leur pouvoir sur lui, les femmes l'ont cultivé. Il est à mille lieues de ma pensée de dire qu'elles ont mal fait. Nous autres hommes, nous ne réclamons pas la musculature herculéenne chez la femme. C'est celle-ci qui se plaint d'en être privée.

Je vous ai donné le remède, madame, dites à vos sœurs de faire toutes beaucoup de gymnastique, et d'en faire faire plus tard à leurs enfants, puis à leurs petits-enfants. Avant cinq ou six générations, la femme sera Alcide, à la barbe des hommes. Je vous laisse à penser si ceux-ci seront furieux. Surtout, madame, je vous en prie, n'allez pas montrer ma lettre à monsieur votre mari. Il m'en voudrait d'avoir éventé le secret de la conspiration des hommes contre la gymnastique des femmes, dont vous êtes, madame, etc.

La distribution des prix.

Je compatis, madame, aux affres que vous ressentez chaque année aux approches de la distribution des prix de votre jeune fils. Je vous plains des émotions que cette cérémonie annuelle vous apporte avec plus de régularité que n'en ont les rentes des fonds turcs; mais peut-être, madame, ne songez-vous point assez, comme il convient, à ces mères malheureuses, pour qui les prix sont un événement inconnu, soit parce qu'elles n'ont pas de fils, soit parce qu'elles en ont un qui est ce que les potaches appellent dans leur style impitoyable, un cancre ou un crétin. C'est l'expression consacrée par l'usage. Et, puisque nous en sommes sur le chapitre de ce vocabulaire scolaire, je compléterai d'un mot votre instruction en vous apprenant que le contraire du crétin, l'antithèse du cancre, le bon élève, celui qui a les premières places, qui prête au professeur son livre et son encrier, et qui essuie le tableau noir, celui-là s'appelle le « chouchou ». Vous êtes éclairée.

Oui, plaignez la mère du crétin, pauvre femme ! Elle ignore quel jour on donne les prix ; elle n'a cure d'y aller voir, d'aller s'ennuyer à entendre un discours professoral, une réponse présidentielle, et la lecture de tout un palmarès dont le charme est pour elle lettre morte. Qu'irait-elle faire là ? Elle sait bien que son fils n'aura rien ; elle en est sûre ; si par un hasard, il décrochait un premier prix, elle écrirait au proviseur de le lui envoyer aux bains de mer. Mais c'est peu probable. Et comment voulez-vous que son fils ait même une simple petite nomination? Le professeur lui en veut. Écoutez-la.

« Oui, madame, il lui en veut. En classe, quand un voisin parle, c'est lui, le pauvre petit, qui est puni. Et puis, il y a le maître répétiteur, qui est d'une injustice révoltante. Il faudra une plainte au proviseur. Ce méchant pion a fait un vœu de ne pas laisser passer un dimanche sans que mon Jacques ait au moins une demi-consigne! Comment voulez-vous travailler dans ces conditions? Mon Jacques a tout pour lui; il est bon, intelligent, vif, un peu taquin et léger parce qu'il est jeune : mais du moment qu'on lui en veut, il n'y a pas moyen d'avoir de prix, n'est-ce pas? Tenez, en anglais, il a eu une bonne anglaise, et son professeur trouve le moyen de le punir pour ses thèmes anglais, où il y aurait des fautes, paraît-il! Croyez-vous! Un enfant qui, à table, sait redemander des pommes de terre en anglais, dans le plus pur anglais, celui de Shakespeare, pas moins! Non, il n'y a pas moyen; c'est du parti pris. »

Aussi, cette mère-là, son souci est de quitter Paris le plus tôt possible pour retrouver à la mer le flirt et la vie mondaine. Car vous avez deviné, n'est-ce pas, que vous n'aviez pas là devant les yeux le modèle de la mère de famille.

Les prix des enfants, la plupart du temps, ce sont les mères qui les méritent.

Puisque vous êtes assez heureuse, vous, madame, pour connaître les émotions des prix conquis ou manqués, permettez-moi de m'étonner que votre perspicacité coutumière vous laisse en défaut, quand vous essayez d'analyser vos impressions d'inquiétude et d'impatience à la veille du grand jour.

Ce plaisir d'une mère, le jour où son fils a des prix, est-ce qu'il ne vous apparaît pas clair comme le jour de quoi il se compose ? est-ce que vous n'en démêlez pas aussitôt les divers éléments pour les nommer à la file, et ce sont l'amour maternel, le sentiment de la justice, la vanité, la jalousie et la passion du jeu. C'est justement, n'est-ce pas, ce que vous m'alliez dire.

L'amour maternel, cela va de soi. Vous désirez pour votre fils tout ce qui peut lui faire plaisir sans être nuisible à sa santé, ni infléchir la morale. Les prix peuvent être rangés dans la catégorie des plaisirs permis. Plus il rapporte de volumes dorés, plus il est content et plus il a de joie, et plus grande est la vôtre.

Quant au sentiment de la justice, il intervient ici en ce sens que vous avez suivi de près les études de votre garçon ; vous avez surveillé ses devoirs et ses leçons, que vous appreniez vous-même avec conscience, comme si cela pouvait aider le petit. Il vous semblait qu'en faisant entrer les choses dans votre tête, elles trouveraient, par sympathie, un chemin plus aisé, une pente toute naturelle jusque dans la cervelle de votre héritier. Vous savez mieux que personne ce qu'il a eu à faire, et ce qu'il a fait. Avec lui, vous avez potassé la querelle des investitures et l'aéromètre Nicholson, la quantification du prédicat et les lieux géométriques. Vous êtes renseignée par votre propre labeur sur celui de l'enfant, et vous savez pertinemment qu'il mérite récompense. S'il ne l'obtenait pas, ce qui serait blessé en vous, ce serait le sens de la juste répartition des salaires et des peines; et en principe, vous avez raison, sauf qu'il vous manque peut-être, pour être bon juge, de tenir compte d'un élément qui vous fait défaut: la somme de travail des concurrents.

Faut-il vous dire en quoi et comment votre vanité est sollicitée le jour où votre fils remporte beaucoup de prix? Vous goûtez à ce moment-là aux joies de ce qui s'appelle dans les histoires romaines, l'orgueil du triomphe. Rien n'est sensible à votre cœur comme ce murmure qui court dans la salle tendue de rouge et pavoisée de trophées, aussitôt après le morceau de musique militaire.

Quand le censeur, en lisant le palmarès, lance à travers la salle pour la cinquième, pour la sixième fois votre nom, comme il vous a reconnue, et qu'il sait votre place, il vous adresse, avec un sourire, un regard complimenteur qui vous désigne flatteusement à l'attention publique. Vous buvez les propos que le succès de votre enfant fait couler des lèvres de la foule.

— En a-t-il, celui-là! Lequel est-ce? Oh! ce petit! Qu'il est gentil avec son grand col blanc! Il a l'air intelligent. Il les a tous! C'est vous sa mère, madame? Comme vous devez être heureuse! C'est plaisir quand les enfants donnent satisfaction à leurs parents! Mon Gaston travaille bien aussi, mais son professeur lui en voulait; il a manqué son prix de thème latin. Seulement, il paraît qu'il a le second prix de gymnastique. Il fait beaucoup de bicyclette; alors, vous comprenez, cela le développe, c'est comme sa machine : elle développe neuf. Je ne comprends pas ce que cela veut dire, mais c'est si bon pour sa santé. S'il y avait seulement des prix de santé! Ah! c'est le thème grec! Encore votre fils! C'est trop.

Ces papotages s'insinuent dans votre oreille comme le miel de la douce flatterie, et vous êtes fière. C'est le grain de vanité. C'est si vrai, qu'il y a des pensions libres dont la direction comprend admirablement que l'absence totale de prix est une blessure à l'amour-propre des familles; aussi on en invente, prix d'appétit, prix de bienvenue, et toute la série des prix d'encouragement.

Il y a aussi dans votre plaisir, madame, de la jalousie satisfaite. Jalousie contre qui? D'abord, un tout petit peu, contre les amies, dont vous seriez fâchée que les fils eussent plus de prix que vous, comme si l'on pouvait supposer un instant que votre fils n'est pas l'enfant prodige, supérieur, remarquablement intelligent : et votre ambition ici est aussi touchante que respectable.

Mais c'est surtout de la jalousie contre ce bambin que vous ne connaissez pas, que vous n'avez jamais vu, mais dont vous entendez parler chaque jour, qui s'appelle Planchut ou Maboulard, et qui est en classe le rival parfois heureux de votre progéniture. C'est l'ennemi invisible et présent qu'il s'agit de déloger de la première place. Rappelez-vous combien de fois le petit est rentré à la maison en vous disant :

—J'ai raté ma composition de mathématiques ! Je suis cinquième. Mais cela ne fait rien, parce que Planchut a raté aussi ; il est huitième.

Et cela vous console. Du moment que Planchut n'est pas premier, il n'y que demi-mal ! C'est lui seul que vous observez, que vous surveillez, dont vous guettez les avantages ou les faiblesses, et quand vous potassiez la composition d'histoire, rappelez-vous, vous disiez au petit :

—Il ne s'agit pas que Planchut soit premier! Tu sais, je ne te le pardonnerais pas !

Oui, madame, vous êtes jalouse de Planchut. Si quelque chose peut vous absoudre, c'est que chez Planchut, on est également jaloux de votre petit champion.

Enfin, je ne vous étonnerai pas en vous disant que dans votre plaisir entre aussi pour une petite somme la passion du jeu. Il y a dans la distribution des prix une part d'inconnu, d'aléa, qui vous donne un petit frisson de fièvre. Les compositions finales sont des épreuves mystérieuses dont les résultats sont tenus secrets, et comme elles comptent double, leur classement a le redoutable pouvoir de bouleverser capricieusement le calcul des points de toute l'année. Malgré l'avance, vous n'êtes sûre de rien. Le professeur a été muet comme un héros des *Pirates de la Savane;* le proviseur a souri à vos questions et a répondu évasivement, en laissant retomber sa dextre sur le dossier obstinément fermé : « C'est à voir ! Il se pourrait ! Un peu de patience ! Le règlement formel ! »

Aussi il y a dans la distribution des prix un élément d'inconnu et de chance à courir ; c'est un steeple dont les premières montures se valent. C'est à qui arrivera. Or, il est avéré que les femmes sont par nature très joueuses. Je vous ai vue souvent, madame, faire de longues stations aux petits chevaux, l'an dernier, à la mer. Les statistiques établissent qu'en Europe, il y a plus de joueuse que de joueurs. Et vous le ressentez, le jour des prix aussi, le secret frisson de la loterie ; ces petits élèves, ce sont encore un peu, pour vous, « les petits chevaux » : le vôtre arrivera-t-il ?

Voilà ce qui vous rend si délicieux, quand il est bon pour vous, ce grand jour de la distribution des prix. A la bonne heure ! C'est une jouissance honnête et de famille. L'ombre de Rollin serait bien contente si toutes les mères l'éprouvaient ; et au total, le résultat serait de l'ordre le plus élevé et d'intérêt général, puisqu'il ne tendrait à rien moins qu'à alimenter le zèle de la jeunesse studieuse et à favoriser l'essor des forces intellectuelles du pays.

L'étude attrayante.

Vous êtes mère, madame, et rien de ce qui peut toucher l'avenir de votre enfant ne peut vous laisser indifférente. Notre époque a le tort de ne pas penser qu'on peut s'instruire autant sans s'ennuyer qu'en s'ennuyant.

J'avoue que j'ai un grand faible pour l'éducation attrayante, et une grande foi dans son efficacité.

Il y a un vilain mot de Mme de Staël, que voici :

« L'éducation faite en s'amusant disperse la pensée. La peine en tout genre est un des grands secours de la nature ; l'esprit de l'enfant doit s'accoutumer aux efforts de l'étude, comme notre âme à la souffrance. Vous enseignerez avec des tableaux, avec des cartes une quantité de choses à votre enfant; vous ne lui apprendrez pas à apprendre. »

Cela prouve seulement que Mme de Staël aurait été une institutrice assommante, et je ne vous eusse pas souhaité, madame, que votre enfant fît ses études sous elle.

Que l'éducation attrayante ait ses ennemis, il est assez naturel et logique, parce que ce système peut facilement porter à de fâcheux excès ou à de piètres ridicules. On a raison de s'en moquer.

Gaston d'Orléans ne pouvait pas arriver à savoir sa grammaire latine. Ses maîtres imaginèrent et exécutèrent le dessein de la lui apprendre en l'amusant.

En guise de grammaire, on lui donna une boîte de soldats, dont les chefs et les bataillons portaient des noms. Le capitaine *Volo*, c'est-à-dire le verbe *vouloir*, commandait l'escadron des verbes irréguliers. Le régiment des Infinitifs montait à l'assaut de la citadelle du *Que Retranché* ; le *Substantif* était un camp, *On* était un bastion ; les *Adjectifs* servaient de brancardiers et de vivandiers, tandis que les *Adverbes* étaient les sentinelles avancées.

On n'est pas plus idiot. Dans les collèges même, aux distributions de prix d'année, dans les divertissements scolaires, les élèves dansaient des ballets qui s'appelaient *la Défaite du Solécisme* ou *le Triomphe du Gérondif*. Des jeunes gens costumés en Indicatifs, dansaient le pas du Supin ou l'entrechat de la Concordance des Temps.

Faut-il vous dire, madame, que je répudie entièrement ces essais avortés. Il n'y a pas là d'attrait. Il n'y a que de la bêtise.

J'en dirai autant de ces livres ineptes qui appliquent sans discernement et avec stupidité la mnémotechnie à l'étude.

Au temps où l'on apprenait la logique, il y eut un certain François de Callières qui s'ingénia à faciliter sa connaissance en la mêlant, par un alliage imprévu, à des choses d'amour. De même que le miel fait passer l'absinthe, les peintures érotiques faisaient accepter et fixaient dans l'esprit les lois rigides de la logique. Ainsi l'on y apprenait ce que c'est qu'un syllogisme par une histoire de deux cœurs tendres, un berger et une bergère qui folâtraient sur l'herbe coupable, et dont les prémisses précédaient la solution.

Donc Tircis de Climène adore les appâts.

Cela s'appelait *la Logique rendue agréable!* Je vous crois. On n'en finirait pas de parcourir tous ces piteux essais, toutes les histoires et les géographies rimées :

> Limoge en Limousin ; la Marche peu fertile
> Vers Guéret entretient une fabrique utile...
> Bourges dans le Berri qui fait valoir sa laine ;
> Le jardin de la France à Tours dans la Touraine.

Nous avons aussi la géographie par calembours et par à peu près :

> *Va ! lance* ton cheval dans le grand hippo*Drôme !*

Et les villes du Nord:

> *Va ! l'ancienne !* tu n'es si bien *Douée* ni si bien *Cambrée* pour faire tes *Hazebrouck !*

Vous me croirez si vous voulez, madame, mais j'ai là sous les yeux un petit livre signé par un ex-maître de pension; cela s'appelle *Nouvelle Arithmétique appliquée à la marine et au commerce,* et c'est toute l'arithmétique mise en vers français:

> Le multiplicateur d'un seul chiffre se pose
> Sous le multiplicande à la droite, et pour cause.
> Or, pour multiplier six mille huit cent deux
> Par six, j'opère ainsi, le fait n'est pas douteux,
> En disant: six fois deux font douze ; il faut écrire
> Deux sous les unités...

Ce poète s'appela Chavignaud. La cause des sciences en France fut par lui trop bien servie pour que nous n'essayions pas de transmettre son nom à la postérité.

Seigneur! comme le ridicule est près de la sagesse! Car enfin, cette excellente Mme de Genlis n'était pas une bête, et c'est elle pourtant qui rêva le château instructif du baron d'Alemane :

« Quand nous voulons faire étudier l'histoire à nos enfants dans l'ordre chronologique, nous partons de ma chambre à coucher, qui représente l'histoire sainte; de là, nous entrons dans ma galerie où nous trouvons l'histoire ancienne ; nous arrivons dans le salon qui contient l'histoire romaine. »

C'est une fantasmagorie pédagogique. On ne peut ouvrir un éventail dans cette maison, ni regarder un écran, ni se pencher sur son assiette, ni déplier sa serviette, même hygiénique, sans tomber sur une date à retenir ou une biographie d'hommes célèbres. C'est une obsession épouvantable: le prétendu attrait devient un supplice. On doit étouffer dans cette demeure, et rêver avec bonheur d'un mur simplement blanchi à la chaux.

Ce sont ces essais malheureux, pernicieux, qui ont ruiné la théorie de l'attrait dans l'éducation, faute d'avoir déterminé d'avance de quelle nature devait être cet attrait.

Le grand tort a été toujours de le chercher en dehors du sujet d'études, quand il fallait l'en dégager, l'en faire sortir, le puiser en lui-même. Il ne s'agit pas d'inventer un alliage maladroit et inutile entre la science et un divertissement accessoire, gymnastique, danse, ou musique. La science renferme en soi assez de séduction pour qu'il suffise de l'y savoir trouver.

C'est la méthode d'éducation actuelle qu'il faut modifier, car elle est rebutante et aride.

Ne mettez pas, si vous voulez, l'arithmétique en vers; mais, par Minerve ! mettez assez de notions concrètes et accessibles dans l'enseignement pour

qu'il devienne autre chose qu'un pensum traditionnel pour les jeunes ans !

Prenez par exemple l'histoire, la géographie. Est-il
rien au monde de plus vivant, de plus dramatique
ou de plus pittoresque, de plus captivant, de plus
passionnant ?

C'est au sortir du lycée seulement qu'on s'en
aperçoit, et qu'on s'en doute. C'est donc que l'enseignement de ces deux sciences est actuellement
mal fait et va contre son but.

Madame, vous qui suivez de si près les études de
votre garçonnet, au point d'apprendre ses leçons
avec lui et pour lui, vous êtes au courant de ce qu'il
a à faire pour sa classe : convenez que ce n'est pas
amusant et qu'il n'a pas peu de mérite à s'y plier et
à y réussir.

Voulez-vous que je vous dise, madame ? La plaie
de l'enseignement, son vice rédhibitoire, l'éternel
pourvoyeur d'ennui et de dégoût, c'est le manuel.

Ah ! l'horrible chose que ce petit livre de classe
rédigé par un professeur, qui contient en trois cents
pages la matière des études de trois cents jours, et
en deux cents lignes toute l'histoire de Jeanne
d'Arc ! Faites lire à l'enfant la vie de la vierge de
Domrémy dans l'histoire de Michelet : vous le verrez frémir, vibrer, pleurer, et l'émotion sera inou-
bliable, et le désir sera plus grand de jeter loin de
lui l'affreux manuel pour boire l'histoire à la grande
source.

Vous allez me dire :

— Mais qui l'empêche ? Le professeur lui dit bien
tant qu'il peut : lisez Michelet, mon enfant !

Ah ! qu'il le lui lise donc lui-même ! qu'il jette
au feu le manuel et le résumé, carcasses desséchées

et moisies, squelettes affreux et répugnants. Qu'il mette dans sa leçon d'histoire la vie, la grandeur, la poésie, la passion. Je voudrais qu'il fût défendu aux élèves d'avoir en mains des abrégés, et qu'on les mît tout de suite en contact avec la grandiose et sublime résurrection du passé. Vous les ligotez contre une affreuse ossature : comment se douteraient-ils que la Muse de l'Histoire n'est pas cette chose rabougrie et décharnée, mais que c'est une femme puissante et belle, attirante et charmante, qui captive et enchaîne ses amants ?

Voilà que je m'emporte ; il faut excuser, madame, ce mouvement de chaleur que vous pourrez attribuer à ma haine vigoureuse des manuels, des compendiums, des atlas ! Oh ! les atlas ! les horribles inventions, qui écrasent et aplatissent les sites de la belle nature comme une poire tapée sous une compresse ! J'en ai gros sur le cœur contre les atlas, et je ne pourrais pas tout dire aujourd'hui. Si vous me le permettez, madame, nous briserons là pour l'heure, mais nous reprendrons cette question si importante de l'instruction non ennuyeuse. Ah ! les barbares et les welches, qui ont semé les broussailles épineuses du rudiment devant les avenues riantes et avenantes du gai temple du savoir ! Mais nous y porterons la hache et le feu, n'est-ce pas, madame, et nous serons les sapeurs des affreux mementos.

Bien que rien ne soit sacré pour un sapeur, soyez assurée, ce nonobstant, madame, que rien ne m'est tant sacré que de vous plaire.

La géographie contratlantique.

Madame, pour faire suite à notre grave entretien de ma lettre précédente, il me serait délectable, toujours en vue de votre garçonnet qui est au lycée, de vous parler un peu de ma géographie *contratlantique*.

Cette dénomination mérite sans doute quelque éclaircissement ; d'autant plus volontiers que la chose n'existant pas, le mot qui recouvre cette idée éventuelle est encore dans le domaine du possible.

Mais vous le comprendrez tout de suite, madame, et parce que, comme disait votre cousine pas plus tard qu'hier, vous êtes un esprit délié, et parce que vous ferez aussitôt réflexion que le terme Atlantique vient de Atlas. On dit l'océan Atlantique, parce qu'il baigne le rocher sur lequel jadis Atlas soutenait le Globe terrestre et céleste, et qu'on appela pour cette raison, ou plutôt pour une autre, la colonne d'Hercule.

Je ne mets pas en doute, madame, que cette briève explication ne soit un éclair pour votre intelligence. Vous avez tout de suite compris que ma géographie contratlantique, c'est une certaine étude de la science géographique pour laquelle on ne se servirait pas, ou à peine, d'atlas.

Je vous entends : par quoi les remplacez-vous ?

Vous connaissez, madame, et je ne vous l'ai jamais

célée, ma vigoureuse haine des manuels et compendiums. Le décri et la dépréciation dans lesquels végè-
tent en France les sciences géographiques militent
en faveur de mes préventions.

C'est cet insolent de Goethe qui disait :

— On reconnaît les Français à leur crasse ignorance en géographie.

Las ! il a toujours raison. Confessons-le, quand
nous avons une lettre à envoyer dans l'un de ces
départements du centre dont les sous-préfectures
sont d'une étude si embrouillée, nous vérifions
dans notre almanach avant d'écrire le nom du département sur la suscription de l'enveloppe. Quant aux
autres continents du globe, nous en avons cette connaissance vague et rudimentaire que le langage tri-
vial désigne dans un latin de fantaisie et de cuisine,
grosso modo.

Et comment en serait-il autrement ? J'en appelle
à vous, madame, qui vous êtes faite la répétitrice de
votre enfantelet pour toutes ses études en général,
et en particulier pour celle de la géographie.

Au lycée, dans l'état actuel de la pédagogie
moderne, cette science est aussi rebutante que possible, et on ne ferait pas pire si on voulait en dégoû-
ter pour la vie les jeunes intelligences.

C'est, en soi, une étude captivante, amusante, pittoresque, qui, si elle était bien comprise, serait la
joie des collégiens. Elle en est le dégoût et le cauchemar, parce qu'elle est enseignée avec toute la
maladresse possible, par manuels, résumés et atlas.
Certes, assurément, je ne veux pas vouer ceux-ci au
pilon et à la ruine totale. Ce sont des tables des
matières qu'il peut être utile de consulter de temps
en temps, pour se rendre compte et juger de l'en-

semble. Mais la table des matières ne peut pas faire office du volume lui-même. Or, c'est précisément le rôle que nous lui assignons.

La classe de géographie est un endroit où il y a un tableau noir, sur lequel le professeur trace des carcasses de pays et écrit des listes de noms soigneusement conglutinés par des accolades. Il faut se loger ces nomenclatures dans la cervelle. Cela devient un exercice de mémoire mécanique, comme s'il s'agissait de séries de gaz en chimie. Le massif du Mont-Blanc, c'est une enfilade inepte de vingt à trente noms propres à retenir. Tout le monde vous dira que la géographie est affaire de mémoire. Mais quelle mémoire ? Celle des mots abstraits et vides. Moi qui vous parle, madame, j'ai eu un camarade de classes, qui est aujourd'hui un des plus distingués parmi nos jeunes géographes. Il tenait surtout sa supériorité d'une faculté prodigieuse de conserver par le souvenir des mots et des chiffres. Il récitait « ses altitudes » comme personne.

Sa mémoire absorbait et digérait des paquets de chiffres. Il savait et il sait encore le numéro de tous les régiments et dépôts avec leur résidence, non seulement en France, mais dans toute l'Allemagne. Il est plus ferré sur les garnisons qu'un annuaire militaire. On pourrait le montrer à la foire. C'est une manière d'Inaudi, dans sa spécialité. Aussi, il est très fort en géographie, parce qu'on fait de celle-ci une science abstraite et sonore. Celui-là, ou celle-là, sait ses sous-préfectures, qui est capable de retenir des séries de vocables rangés par ordre alphabétique et par accolades. C'est quasiment un tour de force. Nos belles villes de France, si curieuses, si pittoresques, si riches en merveilles d'art, deviennent des entités abstraites et fastidieuses. Dans tous ces exercices, rien ne dit rien à l'œil, à l'imagination. L'Europe est une pancarte barbouillée de teintes plates juxtaposées et sillonnées de filets noirs, de chenilles, de pâtés. Ce schéma sans doute n'est pas inutile. C'est le plan d'ensemble sur lequel le voyageur guide sa route. L'erreur commence quand on refuse à l'écolier autre chose que le manuel et l'atlas, qui seront toute sa nourriture.

On ne saurait plus tristement méconnaître le pouvoir des détails concrets sur l'esprit de la jeunesse. Sans doute, la géographie est affaire de mémoire, mais non la mémoire abstraite et algébrique. C'est la mémoire de l'œil qui devrait seule apprendre la géographie. Celle-ci est la science de la terre, qui doit s'apprendre par la vue et par *les vues.* C'est par les voyages qu'on a découvert la terre. C'est par les récits de voyages qu'il faut en propager la connaissance.

Il faut que le professeur de géographie ait voyagé, ait vu, ait rapporté des impressions, des souvenirs, des incidents qui donneront à sa leçon la vie, la vérité, l'intérêt. Rien n'active et n'exerce l'imagination jeune et riche des enfants comme de voir quelqu'un *qui y a été.* Que le ministère envoie tous les ans, aux vacances, une vingtaine de ses professeurs de géographie passer dix jours obligatoires dans une région de France ou d'Europe, sur laquelle chacun d'eux fournira un rapport. Alors, quand il parlera à ses élèves des Causses, du Morbihan, de la Furka ou de la Sprée, il aura quelque chose à dire ; ce ne sera plus un professeur, mais un touriste qui a vu et qui raconte, qui fait voir, qui inspire par sa parole ardente et enthousiaste le désir de voyager et de lire ce que les voyageurs ont raconté. Voilà des missions qui ne seraient pas bien coûteuses ; mais combien elles seraient utiles et efficaces !

C'est un premier moyen d'animer et de galvaniser l'enseignement de cette science, qui est actuellement mourante d'ennui et écœurante. Ce n'est pas tout. Je voudrais encore dans les classes de géographie une profusion de gravures, de photographies, quantité de projections pour accompagner et illustrer la parole du maître.

Je voudrais encore qu'il cédât quelquefois sa chaire pour une heure à un voyageur, un explorateur, un officier de marine qui parlerait des pays lointains, et que le ministère déléguerait à cet effet, après entente avec son collègue de la marine.

Ce moyen serait puissamment efficace. Il y a des années, par une mesure exceptionnelle et rare, au Lycée Louis-le-Grand où j'étais élève, le général Niox vint nous faire une conférence sur la frontière de l'Est. Elle nous frappa vivement, et il n'est pas un de nous qui l'ait oubliée depuis. Voilà l'exemple.

Il serait bon aussi que le jeudi, de temps en temps, le professeur menât sa division aux musées ethnographiques, aux expositions des missions, au musée colonial, partout où le détail concret, tangible, vrai, pourra éveiller et intéresser l imagination si ardente des enfants.

En vérité, c'est pitié de voir ce qu'on a fait de la géographie dans les classes ! Rien n'est plus amusant ni plus attachant que les voyages, et rien n'est si assommant que la géographie. D'où vient cette divergence d'effets, sinon de l'erreur déjà trop ancienne qui a désuni ce qu'il fallait associer.

Cette terre est sans doute une vallée de larmes,

mais ses accidents ne sont pas désagréables, et cette vallée a ses montagnes, ses fleuves, ses torrents, ses glaciers, ses lacs, ses forêts, ses villes pittoresques, curieuses, riches en œuvres d'art et en souvenirs, ses villages, ses industries, ses costumes, ses *scéneries :* c'est le rôle et le devoir de la géographie de montrer aux enfants toutes ces beautés, de leur raconter les excursions, les visites, les ascensions, de les faire voyager par la pensée, et de n'être pas purement livresque. Les progrès de la science moderne et la diffusion de la photographie aident et imposent cette révolution pédagogique. Le professeur de géographie ne se doute pas assez qu'il entre pour une part dans sa tâche d'être un habile et intéressant montreur de vues. Car il ne suffirait pas de remettre des paquets de clichés aux élèves. L'enfant n'aime pas regarder les images tout seul : il veut qu'on les lui explique.

Cette géographie essentiellement pittoresque est assez éloignée de celle qui sert. Je la crois mieux en harmonie avec les exigences de notre siècle scientifique, critique, ami du fait, du document, de l'enseignement par la vue, comme aussi avec les ressources d'une société singulièrement mobilisée et rendue curieuse par la photographie, le cyclisme et l'automobilisme.

Et c'est pour ces raisons diverses, madame, que je crois en ma géographie contratlantique avec autant de fermeté qu'en mon dévouement pour vous.

Ernest, ou de l'éducation.

Le malin est partout, madame. Les vieux pères jésuites d'autrefois le savaient bien, et nous ne le savons plus assez. On s'est beaucoup moqué du souci qu'ils prenaient de mettre entre les mains des éphèbes ces choses burlesques qu'on appelait des éditions expurgées ou amendées.

A coup sûr, ils poussaient quelquefois les choses un peu loin, ainsi quand, par peur du scandale, ils remplaçaient Zerbinette par une jument dans les *Fourberies de Scapin.*

Mais si l'on a tant ri des éditions à l'usage du Dauphin, il ne faudrait pas verser dans l'excès contraire.

C'est pourtant ce que nous faisons.

Actuellement, l'édition des livres classiques destinés aux élèves est scabreuse, et vous allez frémir, madame, que dis-je? rougir, en apprenant les choses monstrueuses que votre enfantelet voit étalées toute l'année sur sa table de travail.

C'est chez notre amie commune, Mme M... de X..., que cette révélation m'apparut hier. Comme j'allai lui présenter mes devoirs, je trouvai son fils Ernest occupé à faire les siens pour la classe du lendemain, Sa mère n'était pas encore rentrée du Bois. Je demeurai à causer avec cet éphèbe de quatorze printemps. Il est content de son professeur ; il dit

que c'est un « chic type », et qu'il le cote très haut.
Je vous demande un peu ! Il n'y a plus d'enfants.
Je m'informai :

— Qu'est-ce que tu as à faire pour demain ?

— Ma préparation d'*Iliade*.

Il était en effet occupé à écrire, dans ce style spécial aux écoliers, la traduction d'un passage du
sixième livre :

— Mais la femme de Proetus était en folie pour
le jeune homme, afin d'être mêlée avec lui en secret
dans l'amour; mais elle ne persuada pas lui qui
portait des sages pensées. Mais la reine, en men-
tant, dit à Proetus : :« Meurs, Proetus, ou tue Bel-
lérophon qui a voulu se mêler d'amour avec moi ne
voulant pas. »

Si je fus intéressé par l'histoire de cette Mme Pu-
tiphar hellénique, je fus surpris qu'on la livrât aux
méditations et aux commentaires de la jeune France.
Je le fus moins quand Ernest ajouta :

— C'est crevant, n'est-ce pas, monsieur ? On dirait
l'histoire de Casque d'Or.

La jeunesse d'aujourd'hui est évidemment fort
avancée. On fait ce qu'il faut. Je parcourus les
cahiers de mon jeune ami, ses livres familiers ; il vit
dans une singulière atmosphère et les broussailles
du rudiment sont les bosquets langoureux de Cypris.
Les Grecs et les Latins, dans le commerce intime
desquels il vit chaque jour, ne semblent avoir eu
qu'une préoccupation unique, celle de faire l'amour.
Il n'est pas étonnant que la nation française passe
pour être l'une des plus galantes du monde ; elle
est, dès sa tendre enfance, à bonne école.

Ah ! madame ! si vous saviez tout ce que j'ai lu
dans le petit cahier des classes où notre jeune ami

Ernest écrit ses préparations d'auteurs ! C'est à faire rougir un dragon. Je feuilletais avec stupéfaction ces humbles devoirs d'enfants dont les maladresses naïves du style soulignaient l'impudeur des sujets :

— Thétis aux pieds blancs descendit vers son fils Achille, et le caressa de la main, et dit une parole, et parla : « O mon fils, jusques à quand, pleurant et gémissant, rongeras-tu ton cœur, ne te souvenant plus ni des repas ni du lit : car il est bon de se mêler par amour avec une femme du moins. » (II.24).

Plus loin je fus douloureusement surpris de lire les amours bizarres des bergers de Virgile, dans ses raides Bucoliques, que les collégiens ont entre les mains dès l'âge de treize ans, avec toutes les *Géorgiques* et toute l'*Enéide*.

Cela ne peut pas se dire en français. Le latin, dans ses mots, brave l'honnêteté ; mais ce n'est pas ce latin-là dont les collégiens ont besoin.

En feuilletant le Virgile du petit, je vis un passage des *Géorgiques* qui avait été marqué de barres et d'images, vestiges des conférences auxquelles il avait sans doute donné lieu entre condisciples. Le poète y décrit trop minutieusement les symptômes de l'amour chez la cavale : « Quand elle a le feu au sang, elle bondit, se dresse au sommet des rochers et là, sans aucune saillie, elle est fécondée par la seule vertu du zéphyr, et les bergers recueillent l'humeur qu'elle distille, appelée hippomane, qu'ils vendent comme poison. » Tout cela est fort curieux peut-être : mais ce n'est pas pour les bambins.

Voulez-vous feuilleter encore le cahier d'Ernest ?

« Sur la porte de bronze, on voyait représenté le cruel amour de Pasiphaé pour un taureau, et le fruit de la passion infâme, le minotaure... (En. VI). Didon presse le jeune Ascagne sur son sein, dupée par sa ressemblance avec son père, et espérant ainsi tromper son immense amour... Aux enfers, tel damné a vendu sa patrie, tel autre est un père qui a envahi le lit de sa fille. (En. VI). »

Notez que ce ne sont pas là des extraits d'éditions savantes et complètes, pour grandes personnes, mais bien des livres de classe, dont l'usage est obligatoire dans tous les cours préparatoires au baccalauréat. N'est-ce pas trop de conscience, et mal placée, de leur donner les textes intacts, dès treize ans !

Combien de fois, au cours des explications orales de la classe, des passages de ce genre se présentent, monuments impérissables de la lubricité antique. Un professeur de mes amis me confiait un jour dans quel embarras le maître se trouve souvent, par la faute des doctrines modernes qui veulent que l'enfant ait en mains les textes dans leur intégralité, sans coupures ni arrangements, mais bien le document probe et intact.

— Nous en sommes, me disait-il, à souhaiter le retour aux éditions expurgées. Il n'y a pas à dire : les *Églogues*, les livres IV et VI de *l'Énéide*, sont au programme, et il faut que nous nous servions des éditions usuelles des maisons réputées comme Hachette, Belin, Delagrave. Quand arrive le passage scabreux, que faire ? Le passer ? Les élèves rient. L'expliquer ? C'est au professeur de rougir. Comme c'est commode ! Est-ce du Lucrèce, ou bien le passage correspondant des Illusions de l'Amour dans le *Misanthrope* ? Dans telle édition que je vous citerai, on disserte en note sur ce que Lucrèce a voulu dire par une femme *mammosa* ! On leur fait lire les vers que Corneille écrit à une actrice qui a refusé ses avances parce qu'il est trop vieux. »

Ah ! mais, il ne convient pourtant pas que l'enseignement officiel soit l'enseignement libre !

Vous me direz, madame, que j'exagère, que ces mauvais passages sont disséminés, masqués par le rideau impénétrable du grec et du latin, et qu'en un mot il y a bien des chances pour qu'ils échappent, au moins en partie, aux regards du petit collégien.

Je vous répondrai, madame, que la malignité enfantine est grande, et que les gamins affrontent avec une passion malsaine tous les dictionnaires, quand il s'agit de soulever un vêtement ou un drap. Et puis n'est-ce pas déjà beaucoup trop qu'on coure avec eux le risque, et que leur moralité soit à la merci d'un bon hasard ?

Je voulais vous consulter sur ce point, madame, et connaître votre opinion sur l'opportunité qu'il y aurait peut-être à rétrograder, à expurger comme firent les jésuites qui avaient leurs raisons, et à remettre aux enfants des textes scientifiquement moins complets, moins périlleux, des pages de tout repos, tout bêtement accommodées *ad usum Delphini*, comme antan.

Il y a longtemps que la question des livres de classes n'a pas été reprise. L'état actuel est un vieux legs de l'Empire. Ce serait l'honneur de l'Université moderne, à laquelle je me glorifie d'appartenir, de faire cesser ces errements et d'accomplir là une réforme salubre.

C'est dans l'air, madame, ces témérités choquantes. Les jeunes filles qui se préparent au brevet supérieur sont initiées à un tas de notions inutiles. On leur fait un cours sur la psychologie des passions. Voici

un morceau qui fut, une année, porté au programme
des passages à étudier, à méditer, à préparer d'avance;
c'est une page des *Contemplations* de Victor Hugo :

Êtres ! Choses ! vivez, sans peur, sans deuil, sans nombre !
Que tout s'épanouisse en sourire vermeil !
Que l'homme ait le repos et le bœuf le sommeil
Vivez ! croissez, semez le grain à l'aventure !
Qu'on sente frissonner dans toute la nature ;
Sous la feuille des nids, au seuil blanc des maisons,
Dans l'obscur tremblement des profonds horizons,
Un vaste emportement d'aimer, dans l'herbe verte,
Dans l'antre, dans l'étang, dans la clairière ouverte,
D'aimer sans fin, d'aimer toujours, d'aimer encor,
Sous la sérénité des sombres astres d'or !
Faites tressaillir l'air, le flot, l'aile, la bouche,
Aux palpitations du grand amour farouche !
Qu'on sente le baiser de l'être illimité.

Vraiment, est-ce qu'on ne pourrait pas leur donner
à lire autre chose ?

Les anciens, tout faisandés qu'ils fussent, avaient
dit: Respect à l'enfant ! *Puero reverentia !* Invoquons-
les pour qu'ils nous le redisent.

Mais ce qu'ils ignoraient, madame, c'est la profonde humilité avec laquelle je reste, etc.

La question du grec.

Vous êtes trop jeune, madame, pour avoir entendu parler, il y a dix ans, de la fameuse question du latin.

Elle a reparu de nos jours sous un nouvel avatar : la question du grec.

Grec, latin, cela se vaut. Il s'agit de savoir si la culture intellectuelle classique est utile ou nuisible, et si, les conditions de l'existence étant nouvelles ou renouvelées, il n'y a pas aberration à continuer les errements de l'ancienne éducation que donnaient les jésuites sous Louis XV. Comme je vous vois, madame, préoccupée de l'avenir de votre fils, du lycée où vous le mettrez, du genre d'instruction que vous lui ferez recevoir, j'ai pensé que vous aimeriez ce sujet brûlant d'antiquité.

La question est celle des Anciens et des Modernes.

J'entends bien ce que disent les Modernes :

— Ah ! çà, y a-t-il du bon sens ? Faire apprendre du grec et du latin à des jeunes gens que le commerce guette ! C'est démence. Les affaires, la finance, la bureaucratie, la politique, le trafic, tout ce dont on vit et ce dont on meurt, tout cela est tellement indépendant de Théocrite et de Tacite, que votre folie me confond, ni plus ni moins que si vous prétendiez qu'il vous faut savoir jouer de la flûte de Pan à cinq trous, pour vendre de la flanelle. Allons donc ! Apprenez à calculer, à compter, à dessiner, à parler anglais et allemand, à lire les cartes de géographie, à arpenter, à faire du rendement ; soyez Romains, soyez Latins, fils de race latine, non pour parler la langue de Tullius, mais pour adopter la méthode d'éducation des enfants de Rome : *Rem, quoquo modo rem !* L'argent, avant tout l'argent ! Laissez l'art et les balivernes ! Soyez pratiques, songez à vivre et enrichissez-vous. Le Christ même vous y convie par la voie sacrée des prédicateurs, car le P. Didon a laissé tomber du haut de la chaire ces paroles d'or :

« Enrichissez-vous, messieurs. C'est effrayant, ce mot dans la bouche d'un apôtre, mais je vous le dis en toute conscience. Je précise et j'insiste : enrichissez-vous pour être indépendants des hommes ; enrichissez-vous pour enrichir la patrie ; enrichissez-vous pour pouvoir mettre de plus puissants auxiliaires au service du bien, de la vérité, de la science, de la charité et de la justice !

« Ne dédaignez pas, cherchez les carrières lucratives, enrichissantes !

« Or, messieurs, quelles sont-elles ?

« Le professorat ? Non.

« La magistrature ? Non.

« Le barreau ? Non.

« L'armée ? Non.

« Les carrières administratives ? Non.

« La carrière agricole ? Non.

« Je n'en vois que trois qui, en dehors de celles-là, mènent à la fortune : la haute industrie, le grand commerce et la haute banque.

« Ne les dédaignez pas, messieurs ; médisez-en tant que vous voudrez, mais sachez que le pays attend des commerçants, des industriels, d'honnêtes financiers, de savants agronomes, des colonisateurs intrépides pour accroître et centupler la richesse nationale. »

C'est par là et ainsi que vous serez vraiment Romains. Que dis-je? Romains? Soyez donc aussi Grecs! Voulez-vous savoir ce qu'ils faisaient en matière d'éducation, ces Grecs, ces artistes exquis, ces maîtres éternels devant lesquels les siècles et les générations devront s'agenouiller avec respect et reconnaissance jusqu'à la consommation des âges et des arts? Ces Grecs que souffleta Mummius et qui se vengèrent en domptant leur dompteur? Par quelle éducation devinrent-ils un peuple aussi affiné, aussi amoureux du Beau immarcescible, aussi profondément épris de la Forme et de l'Idéal et de l'Idée ? Par quel système d'éducation ? Faites-y réflexion : l'éducation grecque, ce fut déjà ce qui est aujourd'hui le système américain d'une part, combiné d'autre part avec ce que nous appelons l'Enseignement moderne. Je dis d'abord le système américain, car au point de vue sportif, les Hellènes sont les Yankees de l'antiquité. Le pentathle, la boxe, la course, le saut, le disque, voilà en quoi ils excellaient, et celui-là qui détenait le record pour l'une de ces choses, celui qui était à ce point de vue le champion du monde connu des Anciens, celui-là, non seulement recevait une coupe d'or ou une ceinture de pierreries comme John Higgins, champion du saut, ou comme Jim Corbett, champion de la boxe *in the world*, mais bien plus, il y avait un Pindare pour le chanter et transmettre son nom à la postérité la plus reculée.

« J'ajoute que l'éducation des jeunes Grecs, sous Périclès et au temps de Phidias, était exactement ce

que nous appelons l'Enseignement moderne, en ce
sens qu'on n'étudiait pas dans les écoles les littéra-
tures étrangères anciennes ni les langues mortes.
Certes, nul n'ignore que quelques savants, philosophes, sages, sophistes, rhéteurs, voyageaient beaucoup et rapportaient des notions utiles du fond de
l'Égypte ou de l'Asie. Mais tout cela était servi à la
jeunesse dans la traduction grecque, car on ne nous a
jamais transmis que les élèves des classes athénien-
nes fissent des thèmes égyptiens ou des versions
persanes. S'ils étudiaient les philosophies extérieu-
res, anciennes, c'était à la façon dont nos élèves de
l'Enseignement moderne lisent Horace dans la traduction de Jules Janin. Et voilà en quoi l'ancienne
éducation des petits Grecs au temps de Périclès par-
ticipait à ce que nous appelons aujourd'hui l'éducation anglaise ou américaine et à l'enseignement
moderne. Or, les Athéniens de ce temps-là ne s'en
sont pas si mal trouvés qu'ils ne demeurent aujour-
d'hui les souverains et sublimes maîtres d'art et
d'idéal. Contentons-nous d'être ce qu'ils furent avec
les mêmes moyens, et nous nous déclarerons satisfaits de cette part. »

Voilà ce que disent les Modernes, ou tout au
moins ce qu'ils pourraient dire et penser. Au tour
des Anciens à présent :

« Celui-là errerait loin des chemins du droit sens
qui pourrait un seul instant induire en sa pensée
que nous imaginons les thèmes latins et grecs
devoir être d'une utilité directe et pratique dans
tout le reste de cette courte vie, passé l'âge des classes. Nous n'ignorons point, il ne nous fuit, ni il ne
nous passe, que dans la vie l'occasion est rare
d'avoir à faire un thème grec, même en pénitence,

après les petits jeux innocents, dans les salons universitaires. Nous supposons l'étude gréco-latine être un moyen, non un but. C'est une gymnastique qui plie, assouplit l'esprit et lui donne des aptitudes précieuses, des qualités solides de netteté, d'élévation, de philosophie. Les traductions sont des trahisons. On ne peut pas prétendre connaître en rien une littérature parce qu'on en aura lu des adaptations en sa langue. Il faut prendre contact direct avec les Anciens, pour que leur esprit nous inspire, nous pénètre, nous élève. Alors, il sera bon et utile aux jeunes gens de fréquenter ces ouvrages et ces hommes qui ont émerveillé le monde et les âges, de suivre ces combats homériques, d'aspirer le souffle patriotique d'un Eschyle, de connaître la mélancolie savoureuse d'un Lucrèce, de sentir la beauté de la nature et sa poésie dans les vers d'un Théocrite idyllique ou dans les *Géorgiques* d'un Virgile, de sourire aux légendes naïves d'un Tite-Live, d'apprendre d'un Tacite la rosserie humaine, et admirer avec Claudius une goutte d'eau prisonnière au centre d'un glaçon. Que si, par nonchaloir ou méprise, vous contestez l'opportunité de ces éléments dans la formation juvénile et progressive de l'âme puérile, nonobstant cet écart, du moins, ne sauriez-vous, sans préjudicielle et mortifiante légèreté, ignorer quel service rend à l'esprit encore tendre l'étude approfondie et méthodique d'une langue et d'une littérature dont la mort assure l'éternelle immobilité. Par l'attention qu'il convient d'apporter à son thème, afin de l'expurger de tout solécisme autant que de tout barbarisme, par l'ingéniosité qui sied à l'exercice de la version, exempte de contre-sens et de ces idiotismes scolaires qui secouent violemment

à la lecture l'hilarité retentissante des classes, par ce
travail spécial et soutenu, l'esprit acquiert une sou-
plesse, une force de travail, une dose de réflexion,
une élasticité, une valeur qui le rendra bon à toute
autre chose que la version ou le thème. Je mets en
fait que qui veut savoir sa langue française, la pos-
séder à fond, être familiarisé avec le jeu des syno-
nymes et le choix du mot propre et précis pour rendre une idée, n'y peut parvenir que par l'exercice
prolongé de la version latine, qui est l'art d'extraire
l'idée d'un texte et de l'habiller d'un autre vêtement
qui lui aille aussi bien que le premier. Et les vers
latins! Ah! quelle perte depuis qu'on y a renoncé!
C'était la part de fantaisie, de poésie, d'imagination
qui entrait dans la geôle, avec un petit peu d'ac-
tualité, car en vers latins on disait tout, même le
fait récent, et on s'amusait! Quel dommage qu'on
l'ait inconsidérément supprimé! En tout état de
cause, cette étude classique de langues mortes est
la plus salutaire gymnastique qui puisse préparer un
homme à la vie de la pensée. De même que ces
athlètes frappaient durant des heures le mur avec des
baguettes d'osier, non parce que leur métier fût de
frapper un mur avec des baguettes d'osier, mais
par manière d'exercice et d'assouplissement, pour
être mieux aptes au travail que chacun d'eux devait
fournir, de même l'éducation classique est la salle
d'armes où l'on fait les muscles plus forts pour tous
les emplois futurs. A ce point que l'on pourrait ne
pas hésiter à prétendre que celui-là qui sait du latin
vendra de la flanelle mieux qu'un qui ne sait pas
le latin, par la meilleure organisation et plus robuste
complexion de son esprit et de son intelligence, partout et en tout supérieure. »

Madame, j'ai voulu d'abord laisser parler les deux avocats du pour et du contre. A présent, nous voilà bien avancés, car je ne sais à qui vous donnez tort ou raison. Je ne vous en veux ni ne vous en blâme, quand ma pensée se reporte aux siècles écoulés, à Horace qui maltraita Lucilius, à Mme Dacier qui se coupa les mamelles pour être plus amazone. Voyez-vous, la querelle des Anciens et des Modernes est et sera éternelle, tant qu'il y aura des Anciens. C'est un cercle puéril. Les nouveaux venus, et cela partout, au collège, en classe, à la caserne, à l'Académie française, sont d'abord regardés de travers jusqu'à ce qu'ils vieillissent et aient à leur tour leurs nouveaux à brimer.

Mais le grec ! Ne pas *faire de grec*, selon l'expression consacrée ! c'est revenir à ce que Fénelon appelle injustement la nuit et la barbarie du Moyen Age, quand l'on disait: « *Grecum est, non legitur*, du grec? ça ne se lit pas ! »

Il y aurait un moyen, mais vous allez sourire et vous ne voudrez pas croire que je suis sérieux. Notez pour'ant que les Modernes attaquent le grec et le latin pour leur inutilité dans l'établissement des comptoirs coloniaux ou commerciaux; les autres, les classiques, ne défendent guère ces deux langues mortes que pour l'avantage qu'ils assurent que leur exercice procure. Les humanistes ajoutent que le latin et le grec sont deux mères-sœurs de la langue française, car la linguistique voit de ces phéno nènes de parturition collective. Si vous préférez, la langue latine est notre mère, le grec est l'oncle.

Combien il serait plus beau alors, de remonter plus haut, de gagner quelques degrés de la généalogie, vers le grand-père ou l'aïeul, et de remplacer le grec par quelque sanscrit, quelque langage aria ou sémite. L'hébreu ! Est-il rien de plus beau, à ce qu'on dit, que la littérature hébraïque ? *Le Cantique des Cantiques* de Salomon, arrangé par Renan est très suave. Il est temps d'élargir le champ de nos admirations ; Homère et Virgile finiraient par s'user. Remplacez-les, et cette innovation vous vaudra du coup le renom du plus hardi modernisme.

Plus de latin ! Plus de grec ! Faisons de l'hébreu, de l'arabe, de l'hindou. A nous l'Ecclésiaste, le Livre de Josué, les prophètes ; à nous Sacountala, et Sadi-Molish Eddin, et Kalidasa, et tout ce que l'Orient antique a produit de plus pur et de plus grandiose. Mais on n'y connaît rien, à tout cela ? Et c'est raison de plus. Ce sera de l'inédit, du neuf, et rien ne sera plus moderne. Quant à la beauté des œuvres, elle nous est garantie par des hommes dignes de foi, et rien ne sera si facile que d'en faire les chefs-d'œuvre de demain, car chaque génération imagine à nouveau les chefs-d'œuvre antiques, et leur communique de la sorte une immortalité mouvante.

Voilà la solution que je soumets, madame, à vos méditations. Je n'ignore pas qu'elle fera peu pour l'expansion de cet esprit colonial qui rendit notre France si grande il y a cent cinquante ans. Mais ce n'est là qu'un côté de la question. Je n'ai voulu, madame, que parler un peu grec avec vous, car vous savez que parfois, pour l'amour du grec, on embrasse.

P.-S. — Cette lettre, madame, aura ce *post-scriptum*, ou si vous préférez, car il ne faut plus parler latin, cette *postface*, ou mieux, cet *après-lire*. C'est un scenario trouvé dans la boîte de la Comédie-Française ; je veux l'épingler à cette dissertation pour vous en divertir.

PÉRICLÈS A PARIS

(La scène se passe place de la Madeleine en 1911).

PÉRICLÈS, UN FRANÇAIS

LE FRANÇAIS

Homme vêtu d'un burnous, tu es sans doute un musulman venu de Biskra à Paris pour l'Exposition ?

PÉRICLÈS

Non, ô être inconsidéré. Je suis Périclès, et je suis Grec.

LE FRANÇAIS

Grec ! Vraiment, oui ! Eh bien ! l'emprunt vous a-t-il retapés, en Grèce ?

PÉRICLÈS

O homme, tu emploies des termes dont je saisis mal la portée. J'ignore ce que c'est qu'un musulman, je ne connais pas Biskra, et je ne sais de quel emprunt tu me parles, à moins que ce soit de celui qu'Aristophane relevait dans le théâtre d'Euripide, lorsqu'il écrivit les *Grenouilles*.

LE FRANÇAIS

De quels animaux parles-tu là ! Que tu es bien Grec ! Sache qu'en France il est mal porté de parler de grenouilles dans le monde. Quant à ces personnages que tu nommes, je présume que ce sont des démarques de villages, dans ton pays ?

PÉRICLÈS

Quoi, homme français, tu ne connais pas Aristophane ?

LE FRANÇAIS

Attends donc ! Si fait, il y a à la Bourse un coulissier de ce nom-là, dans mes connaissances.

PÉRICLÈS

Mais moi, Périclès, tu me connais ?

LE FRANÇAIS

Périclès ! J'avoue que non. Il y a un cheval qui a gagné le Grand Prix de Paris, il y a quinze ans, et qui s'appelait Périclès. Ce ne peut être toi.

PÉRICLÈS

Eh quoi ! Périclès ! Le siècle de Périclès ! Eschyle, Sophocle, Socrate, Platon, Démosthène ! Non ? rien ?

LE FRANÇAIS

Si pourtant, voyons. Ah ! Ah ! j'y suis ! *Socrate et sa femme*, par Théodore de Banville. C'est un mari d'autrefois que sa femme giflait. Si, si ! nous connaissons.

PÉRICLÈS

Est-ce donc tout ce qui reste d'un si grand philosophe ! Douleur amère !

LE FRANÇAIS

Grand philosophe ? Tu radotes, Périclès ! Nous les étudions les grands philosophes, et Socrate n'est pas sur nos listes. C'est Stuart Mill, Hume, Schopenhauer, Nietsche. Il n'y a pas Socrate dans tout cela.

PÉRICLÈS

Je vois que la Grèce a bien perdu dans l'esprit et le cœur du peuple français.

LE FRANÇAIS

La Grèce ? Es ist mir Wurz !

PÉRICLÈS

Tu parles sarmate ? Mais que vois-je ? Ce monument me rappelle, malgré sa lourdeur, mon cher Parthénon.

LE FRANÇAIS

Cela? non, ô Grec ! C'est la Madeleine, une église. Pas plus de Parthénon que sur ma main.

PÉRICLÈS

Tu ne lui trouves pas un air de famille ?

LE FRANÇAIS

J'ignore ce que peut être ton Parthénon. Cependant, pour ne t'être pas désagréable, je t'accorderai, parmi les monuments dont on m'enseigna l'histoire dans mes classes, quelque ressemblance de celui-ci avec le temps d'Odin à Trondjem, ou celui de Holda à Eisenach.

PÉRICLÈS

Une chose m'étonne. Est-il possible que toi, Français, héritier intellectuel de notre génie, de notre race et de notre langue, tu tiennes un langage aussi barbare, aussi incompréhensible pour moi ! Naguère — c'était au temps de Voltaire — tes ancêtres et moi nous nous comprenions, et j'étais parmi eux comme chez moi.

LE FRANÇAIS

Tu dois confondre, brave homme. On ne s'est jamais occupé des Grecs chez nous que par passe-temps et par curiosité exotique, comme on l'a fait pour les Japonais et les Aztèques. Ce fut peut-être autrefois un snobisme. Il est tout à fait passé.

PÉRICLÈS

Je le vois bien. Mais ne voudrais-tu pas, ami charitable, promener et guider un peu mon exotisme dans ta belle ville ?

LE FRANÇAIS

Je le veux bien. Le Parisien est toujours obligeant aux étrangers.

PÉRICLÈS

Quel est ce temple ?

LE FRANÇAIS

C'est le musée du Louvre.

PÉRICLÈS

Je suis très désireux d'y entrer, si tu le veux, ô mon hôte. Il renferme, m'a-t-on dit, les chefs-d'œuvre de l'art français. (*Ils entrent.*) Oh ! mais je m'y reconnais ! Voici Patrocle et Andromaque, et là Prométhée, et Artémis, et Cérès, et Apollon ! O noms trois fois sacrés ? Des pleurs de joie mouillent ma joue.

LE FRANÇAIS

Tu es heureux, ô étranger d'être versé dans l'intelligence de ces choses presque aussi profondément que nous le sommes, nous, dans nos sujets d'études familières et quotidiennes, les *Niebelungen* ou le *King's Quhair*, ou l'*Orouoko* d'Afra Ben. Encore nous est-il malaisé de comprendre John Lilly, Thomas Otway, Pope ou Dryden par la déplorable habitude qu'ils eurent de s'inspirer de l'antiquité, que personne ne connaît plus.

PÉRICLÈS

C'est de l'ingratitude et j'ajouterai de la maladresse. Notre peuple fut un grand peuple qui vous a légué son génie et sa langue; vous êtes faits pour le comprendre. Les Saxons restent des étrangers qui n'ont rien de commun avec vous : leur commerce n'est utile qu'aux commerçants.

LE FRANÇAIS

Nous sommes tous commerçants, ne le sais-tu pas?

PÉRICLÈS

Et l'art ?

LE FRANÇAIS

On en a fait l'art décoratif. Nos artistes font admirablement des lampes à pétrole avec le pied ciselé en bronze et des jumelles de théâtre émaillées.

PÉRICLÈS

Comme ces toiles sont chargées de poussière ! On ne nettoie pas?

LE FRANÇAIS

A quoi bon? Jamais personne ne vient ici, sauf deux ou trois vieux savants. Vois comme on nous regarde. Les gardiens se méfient. On vole tant de toiles ici pour les revendre à l'Amérique !

PÉRICLÈS

De quelle dame parles-tu là ?

LE FRANÇAIS

C'est un monde qu'on a découvert il y a quatre siècles.

PÉRICLÈS

Ah ! vraiment? L'humanité s'est donc enrichie de

sociétés nouvelles ? Les nouveaux venus sont-ils agréables ?

LE FRANÇAIS

Oui, ce sont des gens pratiques, qui mettent le grappin sur le bien des autres, au nom du droit et de la justice, et qui ne perdent pas leur temps en ces futilités qui amusèrent la Grèce.

PÉRICLÈS

Ils n'ont pas de littérature ?

LE FRANÇAIS

Pourquoi faire ? Temps perdu, sans rapport. Leur Eschyle est un Edison qui a trouvé le moyen de faire chanter des voies nasillardes dans une petite boîte d'acajou, où l'on met deux pences par une fente. C'est un génie. Mais sortons pour visiter la ville.

PÉRICLÈS

Voilà apparemment votre théâtre de Dionysos ?

LE FRANÇAIS

Nous l'appelons la Comédie-Française.

PÉRICLÈS

Ah ! Enfin, je me retrouve ! Iphigénie ! Andromaque ! Phèdre ! Thésée ! Médée ! Œdipe Roi ! Zito Ellas !

LE FRANÇAIS

Que veux-tu dire par ce *Zito Ellas* ?

PÉRICLÈS

Cela veut dire : « Vive la Grèce ! »

LE FRANÇAIS

Oh ! en ce cas, tu as l'enthousiasme trop prompt,

car il est vrai que jadis, — celà remonte aux temps
de M. Brisson, — on joua sur cette scène les œuvres
que tu dis. Mais comme personne n'y comprenait
plus rien et que la salle était vide, il a fallu y renoncer et remiser tout le théâtre de Racine, de Corneille, de Voltaire, avec le Mystère du Vieil Testament
et les vieilles lunes.

PÉRICLÈS

Comment pouvez-vous savoir le français, si vous
ignorez le grec ? Les deux tiers de vos mots viennent du grec.

LE FRANÇAIS

Il est vrai que cela gêna quelque temps les études. Mais on a remédié à ce mal. On a supprimé
quantité de mots grecs, et on les a remplacés.

PÉRICLÈS

Comment cela ?

LE FRANÇAIS

L'enfant n'apprend plus l'alphabet, mais l'*Ebi*.

PÉRICLÈS

Qu'est-ce que cet *èbi*?

LE FRANÇAIS

C'est l'anglais au lieu du grec. *Alpha* se dit en
anglais *é ; bêta*, c'est *bi ; alphabet*, c'est *èbi*.

PÉRICLÈS

Je t'admire, moderne !

LE FRANÇAIS

Tout va de même. On disait, je suppose : « Devant
l'Académie, il y a un acrobate qui est tombé d'apo-
plexie ; après une courte agonie, malgré toute la

sympathie des physiologues présents, il est allé vers l'Achéron. » On ne connaît plus aucun de ces mots-là. C'est du vieux français. On dit : « Devant le *Letters house*, il y avait un *rope dancer* qui est tombé du *schlagsfluss* : après un court *todesangst*, malgré un bon feu de *pitcoal*, et toute la *freundschaft* des *artzen* présents, il est allé vers le *Haerselberg*.

PÉRICLÈS

Je ne sais si je me trompe, mais il ne me semble pas que ce langage soit, autant que le français de Voltaire et de Lamartine, en conformité avec votre génie national.

LE FRANÇAIS

Tu dis des fariboles.

PÉRICLÈS

Ce jardin est frais. Nous pourrions nous reposer sur un banc.

LE FRANÇAIS

Ce sont les Champs-Élysées.

PÉRICLÈS

Voilà un nom bien antique pour des modernes.

LE FRANÇAIS

Il y avait autrefois, ici, une exposition de peinture rivale d'une autre société qui exposait au Champ de Mars.

PÉRICLÈS

Le Champ de Mars ! Cela est tout romain !

LE FRANÇAIS

Ce sont des noms vides de sens. On va les changer au mois de septembre.

PÉRICLÈS

Septembre ? Mais c'est du latin, ô mon ami !

LE FRANÇAIS

Cela ne durera pas. On va modifier le calendrier.

PÉRICLÈS

Bon ! les calendes, à présent !

LE FRANÇAIS

Les noms des jours, mardi, mercredi, etc.

PÉRICLÈS

Bon ! Qu'ont à faire chez vous ces mots-là, le jour de Mars, le jour de Mercure ?

LE FRANÇAIS

On travaille à les remplacer. La question est au Sénat.

PÉRICLÈS

Ouf ! le Sénat ! On n'est pas plus antique !

LE FRANÇAIS

Les rapports ont été distribués par le questeur.

PÉRICLÈS

Le questeur ! mais je suis à Rome ?

LE FRANÇAIS

Je ne sais du tout ce que tu veux dire. Ces mots ne sont ni antiques, ni rien. Ce sont des souffles vains, de l'air chassé par les lèvres des hommes.

PÉRICLÈS

Cependant chacun d'eux a son histoire et plonge ses racines dans le sol de l'Ellas !

LE FRANÇAIS

Cela nous est indifférent. Nous les apprenons indépendamment de leurs relations, et pour eux-mêmes, comme on nous serinerait des vocables chinois. Quel est ce petit livre ?

PÉRICLÈS

C'est une emplette que je fis à mon dernier voyage, une petite anthologie des chefs-d'œuvre de la littérature française. Je l'ai mise en poche pour la lire pendant les trajets d'omnibus.

LE FRANÇAIS

Oh ! il m'amuserait de voir ce qu'on appelait les chefs-d'œuvre de notre littérature en ce temps-là, car je ne pense pas qu'on lût alors les mêmes auteurs que nous, qui lisons peu, à vrai dire, quelquefois le cours de la Bourse, les recettes du baron Brice, ou le Code des gens d'affaires.

PÉRICLÈS

Ta curiosité sera satisfaite, car je n'ai qu'à ouvrir le livre :

> Jadis, à travers, bois, rocs, torrents et vallons,
> Errait le fier troupeau des centaures sans ombre.

LE FRANÇAIS

Des centaures ? Je ne sais ce que c'est. Quel est le Hottentot qui fait des vers sur ces bêtes-là ?

PÉRICLÈS

De Hérédia. Il te déplaît ? Passons. Voici du Sully-Prud'homme, *les Danaïdes.*

> Toutes portant l'amphore, une main sur la hanche,
> Théano, Callidie, Amymome, Agavé...

LE FRANÇAIS

Quels diables de Hurons sont-ce là ? Je n'y comprends rien. Cela n'est pas assez divertissant.

PÉRICLÈS

Tu préfères du Banville :

> Les naïades au front couronné de roseaux
> Et la Blanche Phœbé surprise au sein des eaux,

LE FRANÇAIS

Peste ! l'animal ! Ne saurais-tu me parler de gens que je connais ?

PÉRICLÈS

Veux-tu essayer Leconte de Lisle :

> Et les bergers en foule autour du fils d'Alkmène

LE FRANÇAIS

Mais je n'ai de ma vie entendu parler de ces noms baroques !

PÉRICLÈS

Théophile Gautier, au moins, te reposera :

> Tous les ans j'y vais et j'y niche
> Aux métopes du Parthénon.

LE FRANÇAIS

Ah ! encore ton Parthénon ! J'ignore ce que ce peut être.

PÉRICLÈS

Veux-tu Alfred de Musset ?

> Et Vénus Astarté fille de l'onde amère.

LE FRANÇAIS

Assez de ces personnages iroquois et inconnus.

PÉRICLÈS

Peut-être Victor Hugo ?

Dans Virgile parfois...

LE FRANÇAIS

Ciel ! ce romantique ! *tu quoque*

PÉRICLÈS

Quoi ! tu parles latin ?

LE FRANÇAIS

Est-ce donc du latin ?

PÉRICLÈS

Ce l'est. Mais tentons quelque autre page, car je voudrais lire des vers sous cet ombrage feuillu qui me rappelle les jardins d'Akadémos baignés par l'Ilissus.

LE FRANÇAIS

Ce sont des jardins de ton pays ?

PÉRICLÈS

Oui. Ah ! voici du beau Lamartine

Ainsi, quand l'aigle du Tonnerre
Enlevait Ganymède aux cieux...

LE FRANÇAIS

Flûte !

PÉRICLÈS

Du Bérenger, veux-tu ?

LE FRANÇAIS

Ah ! avec Bérenger on va respirer.

PÉRICLÈS

Laissez Cupidon aux Grâces.
Contentez-vous de Vénus.

LE FRANÇAIS

Zut !

PÉRICLÈS

Décidément je renonce à trouver une page de vers à te lire, car si je remontais plus haut, nous tomberions sur André Chénier et les poètes des siècles précédents, qui sont bien autrement nourris de l'antiquité que ces modernes.

LE FRANÇAIS

Eh bien ! on ne lira plus ! Le grand mal ! Est-ce que Pierre Loti lit jamais ? Mais voici mon automobile qui vient me chercher pour me conduire au turf, où le record de la seconde sera matché handicap et dead head, paroli, par l'amateurisme du Racing U.S.F.

PÉRICLÈS, *effaré*

Ce char est bizarre, et semble se consumer d'un feu intérieur, comme si Encélade y habitait. Mais quel nom lis-je sur sa plaque ?

LE FRANÇAIS

Minerve. Je l'ai appelée Minerve ! Je ne sais pas ce que c'est, quelque divinité sud-africaine ; mais cela m'est égal, parce que le nom est joli. Allons adieu, Périclès, et bon vent !

PÉRICLÈS (*seul*)

O Muses Piérides ! Phoebus Apollon ! Diane Artémis dont on voit fuir les voiles légers à travers les arbres violets des forêts de l'Hymette ! O peuple grec, qui eus le culte du beau désintéressé et de la Forme idéale ! O vieillards de Troie qui pardonniez à Hélène les maux qu'elle a causés, en faveur de la pureté des lignes de son corps ! O vieillards de l'Aréopage, qui avez absout Phryné, parce qu'elle était semblable à une déesse, et Sophocle parce qu'il lut de beaux vers ! ô génies de l'antiquité qui avez légué au monde les plus purs chefs-d'œuvre de l'art et de la littérature ! O Hellènes de l'Hellas ! vous aviez des enfants, et les Parisiens passaient pour les Athéniens des temps modernes. Ce temps n'est plus. Les Parisiens sont les Yankees de l'Ouest ; la Bourse, les affaires, le commerce, sont leur unique souci, et ils laissent se faner les pétales morts de l'immarcescible Fleur de Beauté ! Iou ! Apapaï !

(Il s'éloigne en gémissant.)

LIVRE II

L'ÉTAT DE MARIAGE

En cornouaille.

Dans la collection générale des monographies scientifiques, il manque une *Histoire des Cornes*.

Elle serait à faire, madame, et elle serait intéressante au double point de vue moral et social. On y verrait comment tout passe et tout déchoit, puisque les cornes autrefois en honneur sont venues en un fâcheux discrédit ; et aussi comment l'existence d'hommes à cornes, constate et prouve scientifiquement la filiation ininterrompue entre les bêtes et les gens, ne fut-ce que pour corroborer les théories de Darwin et de Littré, car, hélas ! il y a bien apparence, madame, que nous descendons des singes !

Qui l'eût cru ? Il a existé, il existe encore des gens qui ont des cornes, non pas, s'il vous plaît, de ces cornes fictives et immatérielles dont la malignité publique décore le front des maris qui peuvent dire, ainsi que Sganarelle :

... Ma femme peut vouloir
D'un panache de cerf sur le front me pourvoir.

Ce ne sont là que des ombres de cornes, des cornes au moral dans l'immoral, des symboles intangibles, abstraits et subtils. Il ne s'agit point de choses pareilles, mais bien de gens véritablement cornus comme boucs et chèvres.

Il paraît que ce phénomène tératologique s'est vu souvent, et a maintes fois été observé par des savants dignes de créance. Il y a des êtres humains qui sont

pourvus de cet appendice sans être aucunement ma-
riés, et qui portent sur le front ou sur la tempe une
belle petite corne cornée. Un d'eux est enterré à
Paris; il vivait sous Henri IV. L'Estoile en parle.
C'était un paysan qui arborait sur le dessus de la
tête une corne en trompette. On grava sur sa tombe:

> Dans ce petit endroit à part
> Gît un très singulier cornard,
> Car il le fut sans avoir femme,
> Passants, priez Dieu pour son âme.

Qui traiterait ce sujet à fond, serait documenté à
foison et lirait nombre d'in-folios austères: Georgius Francus, *de Cornutis* (Heidelberg, 1676), Thomas
Bartholinus, *de Unicornu*, (1678), Heschl, Villeneuve,
Wesling et de nombreux rapports de médecins de
ce temps. C'est incroyable, c'est inouï ! Comme
nous sommes mal informés ! Comme nous savons
mal ce qui se passe sur notre terre ! Aviez-vous
jamais, madame, entendu parler de cas pareils ? On
nous dit qu'ils sont légion. Tel médecin a, à lui seul,
collectionné soixante cas d'êtres cornus appartenant
à notre espèce. C'est à croire que rien n'est plus
fréquent, rien n'est plus banal, rien n'est plus courant. Ce serait à avoir peur de se faire remarquer
par absence de cornes.

Mais où sont-ils, où passent-ils donc, ces cornus ?
Sans doute dans les hôpitaux, dans les baraques de
foire ? Beaucoup se font couper leur corne en même
temps que leurs cheveux. On ne les voit pas.

Il paraît que cet accident n'est pas congénital. Ces
cornes apparaissent subitement, après une grande
colère ou une grande contrariété. Nul n'est à l'abri.
D'une minute à l'autre, à propos de bottes, il peut

vous pousser une corne menaçante. Il faut s'y attendre et se résigner. On dirait qu'il y a. par les espaces, des cornes vacantes et inoccupées, qui voltigent
et cherchent des fronts.

Cette soudaineté, constatée et établie par la science,
contribue à expliquer certaines formes populaires de
langage qui corroborent le fait, par leur usage
même. Vous vous rappelez Molière :

> Cet étrange propos me rend aussi confus
> Que s'il m'était venu des cornes à la tête.

C'est là une manière de proverbe. La sagesse des
nations est toujours sage, et ses formules, comme
celles de la science, sont des résumés de longues
expériences. Cette façon d'exprimer son étonnement
provient, à n'en pas douter, de la stupéfaction des
gens à qui poussèrent des cornes avec cette soudaineté que la science leur attribue. Médecine et philo-
logie sont deux sœurs.

Ce sont surtout les femmes qui sont cornues et
quelquefois biscornues. Vous voyez l'origine du
mot : c'est ce qui est étrange, rare, paradoxal, comme
une femme à deux cornes ; car il y en a eu. Sous
Henri IV, dont le règne décidément a été fertile en
cornes, la belle Mary Davis avait de chaque côté de
la tête deux mignonnes petites cornes enroulées. On
les coupait quelquefois, et Henri IV en garda une
paire comme souvenir et comme trophée. Avec de
pareilles biches, la chasse à courre a aussi son charme.
Telle fut encore la jolie Allen de Leicestershire, dont
les coquettes cornes la rendaient toute gracieuse,
fort souhaitée et très goûtée ; elle ne les coupa point
et les garda avec un soin jaloux.

Chimiquement, il paraît que ces cornes accusent à l'analyse la même composition que celles des bêtes.

L'homme est un bouc déchu qui se souvient des bois.

Il porte sa corne, quand il en a une, à peu près comme les bêtes, sur l'occiput; quelquefois sur la poitrine ou sur la cuisse (dix pour cent !). Il croit affirmer sa supériorité par cette originalité facile.

Scaliger a vu une femme de chambre qui avait sa corne dans le dos. On y accrochait son chapeau.

Breschet signale une demoiselle dont la corne avait poussé sur la langue ! Ah ! la malheureuse ! Comme elle devait souffrir de ne pouvoir parler. C'est apparemment des phénomènes de ce genre qui donnèrent naissance à ce proverbe grec dont Leconte de Lisle abusa, après Eschyle, pour inviter au silence : Mets un bœuf sur ta langue !

Ces appendices, dont sont gratifiés quelques privilégiés parmi les représentants de l'espèce humaine, sont les rares vestiges de notre descendance animalière : de même on voit de vieilles habitudes perdues reparaître parfois en des cas isolés et subits, comme des ressouvenances vagues qui relient le passé à l'avenir.

C'est cette origine bestiale qui donne de la honte à ceux dont l'épiderme se prolonge en ces sortes de promontoires effilés, qu'on n'est accoutumé de voir que sur le front des boucs ou des taureaux et autres animaux de cette nature.

Autrefois, il était considéré comme noble et superbe de ressembler à ces bêtes robustes, et les grands chefs tenaient à honneur de porter au cimier de leur casque une ramure d'auroch, de buffle et de tels autres quadrupèdes aux antennes robustes.

Les choses ont leur destin. La grandeur précède et annonce infailliblement la déchéance. Les ronces ont poussé sur l'emplacement de Ninive. Séjan ne monta au pinacle que pour faire une chute plus profonde. Les cornes ne furent si glorieuses que pour mieux apprêter à rire D'Angelo, tyran de Padoue, on a fait « Cornaro, Tyran pas Doux », et les foules se sont égayées. La splendeur des cornes n'est plus qu'un souvenir pâle.

Notez encore l'étrange abus! La tradition, le *folk lore*, l'imagerie populaire et les chefs-d'œuvre de l'art s'accordent à figurer le diable cornu, à telles enseignes que les apparitions sataniques et hallucinations infernales ont pris le nom de visions cornues. Ce nonobstant, il appert des textes saints et des témoignages révérés par la catholicité tout entière, que la première femme, Ève, notre mère à tous, panacha son mari, et cela même avant la lettre de mariage, puisque Adam était Adam Dandin avant d'être époux et père. Il n'est pas moins avéré que le plus heureux des trois fut alors ce Satan même, que la gravure a vulgarisé avec un front orné de cornes, ce qui est non sens, car ce qu'on donne, on ne l'a plus.

Il faut seulement savoir que la signification désobligeante de cet appendice a des origines relativement modernes, et qu'en tout état de cause, elle est en contradiction formelle avec l'usage antique des premiers âges. La corne a commencé par être un signe glorieux de puissance et d'orgueil, avant d'être un emblème ridicule. Vénus Astarté, fille de l'onde amère, qui fécondait le monde en tordant ses cheveux, et Jupiter, assembleur de nuages, et Pan, et la nymphe Amalthée, nourrice de Jupiter, et Moïse sculpté par le colossal Michel-Ange pour le sanctuaire de Saint-Pierre-aux-Liens, et Alexandre le Grand, frappeur de monnaie, et les faunes, et les satyres, et les doges de Venise coiffant aux jours de fête le zoia ou corne ducale, jusqu'aux chevau-légers avec leurs tricornes, combien, à travers les âges, ont compté sur leurs cornes pour asseoir, assurer et grandir leur prestige et leur majesté ?

Dans quoi buvaient les hauts barons et les margraves ? Dans une corne ! Dans quoi soufflaient les preux pour rallier les armées ? Dans une corne ! Qu'était-ce que le glorieux olifan de Roland ? Une corne ! Voulez-vous remonter plus haut ? Que disaient les Romains pour désigner indifféremment ou un taureau robuste et redoutable, ou un critique acerbe ? Il a du foin aux cornes ! Quand vous cornez la page de votre livre, quand vous cornez votre carte de visite, il n'y a rien là de plaisant ! Qu'était-ce encore que la licorne, sinon un animal fabuleux et gracieux par sa corne unique : quand la licorne rencontrait dans les bois une jeune vierge, elle s'approchait d'elle, lui léchait les mains, et s'endormait, la tête sur ses genoux, couchée à ses pieds. Il n'y a rien là que d'aimable et de touchant. La corne a sa poésie quelquefois.

Que les temps sont changés. Son image aujourd'hui fait sourire les plus honnêtes gens, et sa défaveur est au comble.

D'où vient cela ?

Je ne parle pas ici du ridicule ou de la honte que les enfants se jettent entre eux, en se criant l'un à l'autre avec deux doigts étendus :

— Oh les cornes ! oh les cornes !

Le mot a une autre acception, et vous la soupçonnez. Dans la question de savoir pourquoi les cornes sont devenues l'emblème du mari trompé, les explications font défaut, et l'élucidation de ce mystère est loin d'être encore parfaite, faute, sans doute, de la part des exégètes, d'avoir suffisamment médité sur un passage topique d'Emond About, *about the Corn*. « La corne du rhinocéros, affirme ce savant, est un toupet de poils agglutinés. » C'est évident, et cela ne laisse plus aucun doute sur le sens du symbole railleur dont nous parlons en l'espèce. Car de croire que le sens fâcheux des cornes ait été inventé par l'empereur Andronicus, comme l'affirme Georgius Heidelgius, commenté par Grotius, il n'y a pas apparence. Il n'y en a guère davantage à prétendre que le cerf servit de symbole au mari berné parce que la biche est la plus paillarde des femelles. Les chiennes le sont beaucoup plus encore, à tel point que la belle Hélène, se désolant sur les remparts de Troie, à cause de la guerre meurtrière et interminable, disait à Hector :

— Ah ! chienne que je suis !

Force est donc de revenir au texte capital d'Edmond About concernant la corne du rhinocéros. Car il paraît constant que le mari, en surprenant son infortune, sent ses cheveux se dresser sur sa tête, et ceux-ci, apparemment, se seront parfois coagulés, conglutinés, en matière cornifique : de là, l'expression toute naturelle de maris encornés.

C'est ainsi, madame, qu'il est utile de combiner les données des sciences entre elles, celles de la médecine et de la chimie avec celles de l'étymologie rationnelle.

Voyez-vous, madame, en cette matière, les femmes ont leur siège fait. Elles regrettent le temps passé, les galanteries du siècle dernier, l'adultère souriant et presque obligatoire, l'immunité en matière d'infidélité, la séparation de corps entre mari et femme, cette sorte de quadrille parisien que dansaient M. d'Épinay et la Guimard, avec Mme d'Épinay et Francueil, à qui arriva la plus fâcheuse aventure de transmission qu'on puisse imaginer. Une gueuse ayant contaminé M. d'Épinay, celui-ci gâta sa femme, qui en fit autant, sans le vouloir, à Francueil. Cela passa de main en main ; ce fut une tournée ; ce sont là les maigres profits du libre-échange.

Alors, on présidait au flagrant délit avec le calme olympien et désintéressé d'un spectateur hors de cause. Nos grands-pères faisaient plus. Ils savaient, et ils en riaient, et ils se moquaient du constat comme d'une chiquenaude ; mari et femme se faisaient un point d'honneur de se demander l'un à l'autre des nouvelles de leurs amours.

La prise de la Bastille a certainement démoli quelque chose dans la province de la morale publique : car ces ménages du siècle galant nous sembleraient aujourd'hui répugnants, et nous n'aurions pas assez de hautes casquettes à leur jeter. Il y a une morale bourgeoise qui a étalé son niveau sur la société, et quoi qu'on l'ait fort malmenée, elle est cependant moins ignoble que la précédente.

Au surplus, il n'y a pas grand'chose qui soit changé, sauf les apparences. La matière demeure et la forme se perd. L'adultère n'a point quitté la terre, tout va comme du temps de Jean de Vert, et tout comme antan, Othello rugit, Sganarelle se console et Dandin se réjouit. Il n'y a rien de plus tragique ;

il n'y a rien de plus bouffon. C'est l'accord de toutes les horreurs et de toutes les gaîtés. La galerie y trouve toutes les émotions, terribles ou épanouies.

Les grandes annales de l'adultère comique sont dans les délicieux fabliaux du moyen âge et du xvi° siècle.

Ce moyen âge, si injustement méconnu par cet affreux Boileau, et si cruellement calomnié par l'ignorance de Fénelon, avait des drôleries impayables en matières de droits et de redevances. C'est ainsi que l'amant surpris payait un droit au seigneur du village, qui partageait honnêtement avec le pauvre mari. La compensation était louable : mais il y avait parfois abus et prévarication. Des maris disaient en souriant :

> Et l'on va m'appeler le seigneur Cornélius,

par espoir de la prime, ce qui faisait tonner les sermonnaires.

L'un d'eux s'écriait :

— Foin du cocuage ! car bien peu en meurent, mais beaucoup en vivent.

N'est-ce pas le propre mot du poète de Cailly :

> Si madame le porte beau,
> C'est que monsieur les porte belles !

Parfois, les cornes versent l'abondance.

Sganarelle, au moins, n'allait pas si loin, et s'arrêtait en deçà. Il n'envisageait pas les petits profits, mais il ne s'exagérait pas ce malheur, dont il dégageait tout d'abord sa responsabilité :

> Mais pourquoi, moi, pleurer, puisque je n'ai point tort ?
> Puisqu'on tient à bon droit tout crime personnel,
> Que fait là notre honneur pour être criminel ?
> Elles font la sottise et nous sommes les sots ?

La thèse a l'apparence de la sagesse. Elle n'en a que l'apparence. Au fond, elle n'est que sophisme et erreur, car le mari est le plus souvent responsable des fautes de sa femme ; il est ridicule de ne pas avoir su la garder, d'avoir été vaincu et distancé par un rival plus heureux ; l'amertume de cette tromperie ressemble à la honte du coq battu, obligé de céder à un plus fort sa poulette. L'adultère est le plus souvent la constatation d'une insuffisance : on ne peut pas dire toujours, car il y a des femmes vicieuses.

Par vicieuses, il faut entendre dissolues. La morale féminine est beaucoup plus simple que la virile. On dirait que pour la femme, il n'est qu'un vice, la paillardise. On la quitte du reste.

L'honnêteté physique est l'honneur des femmes. Elles n'en ont guère d'autre. Ce qu'on peut appeler « point d'honneur » est aussi précis que nettement localisé. Le dévergondage est leur infamie. Leur seule injure est le nom de la débauche. Les filles seules sont disqualifiées. Ce code étroit de leur chevalerie a quelque chose de désobligeant, par l'indifférence qu'il suppose ou comporte à l'égard de ceux de leurs actes qui ne concernent pas le point en question. On dit : « un homme de cœur ». La loyauté de la femme siège un peu plus bas. En vérité, c'est étrange. Une femme qui ment, qui trahit la foi jurée ou manque à sa parole, est tenue pour vertueuse. Ses mensonges, ses calomnies, sont imputés à ruse féminine, à imprévoyance, à bavardage, à légèreté. Il n'y a que le point qui compte. Le reste semble ne pas tirer à conséquence. On en rit. Des femmes se déchirent et s'abîment dans leurs propos : cela s'appelle du potinage, et cela n'est point mal porté. Leur réputation n'est à la merci que de leur sagesse en ce que vous savez. Si la coupable se cache bien, elle est sage, eût-elle cent autres vices, car des sept péchés capitaux, un seul est pour elle capital. L'avare est économe et rangée ; la gourmande est friande comme une chatte ; la paresseuse est indolente comme une belle créole ; l'irascible a de la vivacité ; l'orgueilleuse a le cœur digne d'une couronne. La luxure est la seule chose qui l'entame, l'amoindrit, lui fait honte. Il y a dans cet exclusivisme quelque chose de blessant, d'injurieux, d'oriental et d'humiliant pour la femme ; celle-ci aurait droit à être tenue à des obligations plus variées et plus nobles ; et la société lui ferait plus d'honneur en lui demandant davantage.

Je comprends le féminisme. Les femmes peuvent à juste titre se plaindre d'une chose, et c'est qu'on ne les prend pas assez au sérieux. Quand les hommes leur ont demandé d'être fidèles, il semble qu'ils aient épuisé la série des choses graves dont elles peuvent être capables ; et quand elles y manquent, tout le monde de rire, comme d'un bébé qui, en mangeant sa tartine, s'est barbouillé le nez de confiture.

Les mots pour rire à ce sujet ? On en bourrerait des volumes.

Une bien jolie anecdote est celle du roi Louis XV qui eut, un soir, de l'esprit sans le vouloir.

Mme de Prie, qui vivait avec M. de Prie son mari, sous le régime alors banal de la séparation de corps, multipliait effrontément les occasions de remplir sa viduité. Ménélaüs, « le franc cornard », n'eut su rendre des points à ce champion du bois. Un jour sa perruque prit feu à un candélabre d'une cheminée. Il l'éteignit et la remit en place sur sa tête. A ce moment, le roi entra, sans savoir ce qu'il y avait ; il renifla l'air et dit bien ingénûment, sans songer à malice :

— Il y a une odeur ici ! Qu'est-ce qu'on a donc fait ? Cela sent comme la corne brûlée !

Ce mot lâcha la bonde à de formidables éclats de rire auxquels le roi ne comprit rien d'abord. On lui expliqua.

On fait quelquefois de ces allusions involontaires. S'il fallait peser tous ses mots, on ne dirait rien. Le sage dit qu'il faut tourner sept fois sa langue dans sa bouche avant de parler. Il n'avait aucune idée de ce grand art de la conversation qui va tous les jours se perdant.

Elle n'avait pas réfléchi, non plus, cette dame qui faisait visiter à un invité les moutons et les canards de sa petite ferme.

Le monsieur demanda poliment :

— Vous n'avez pas de bêtes à cornes ?

La dame répondit avec une candeur naïve :

— Oh ! si monsieur ! j'attendais pour vous les montrer que mon mari fût revenu !

Voilà au moins qui est drôle. Il eût été dommage qu'elle ne le dît pas.

Connaissez-vous celle-ci ?

Un académicien trouva un jour, en rentrant chez lui, sa femme en conversation criminelle avec un tiers, qui s'écria :

— Vous le voyez, madame, je vous le disais bien qu'il était temps que je m'en aille.

L'académicien répartit posément :

— Dites au moins : que je m'en allasse !

Voilà de la grammaire imprévue et pittoresque en un pareil moment.

Dame ! aussi que faire ? Tue-la ? C'est peut-être le meilleur parti, le plus décoratif en tout cas, le plus digne, le plus propre à ôter le ridicule d'une situation qui cesse d'être grotesque en devenant tra gique. Le revolver est presque la seule ressource de la victime ; c'est peut-être pour cela que la loi, faite par les hommes, en autorise et semble en recommander l'usage par sa clémence envers les assassins du flagrant délit.

C'est le seul parti aussi qui flatte l'amour-propre de la femme coupable. L'appel du commissaire de police dans ces affaires d'intérieur est d'une intrusion mesquine et fâcheuse. Le mari a l'air de crier à l'aide et de demander du renfort, comme s'il était incapable de s'en tirer à lui seul. Il en résulte une scène désobligeante pour la pauvre coupable obligée d'apparaître quelquefois dans un costume sauvage devant un ou plusieurs messieurs qu'elle ne connaît pas. C'est de la dernière indélicatesse de la part du mari. Devant son mari et devant son amant, elle peut venir comme elle est. Il n'y a pas de surprise. Mais devant un officier ministériel à qui elle n'a seulement jamais été présentée ! Il faut être goujat pour l'exposer à cet affront.

Au surplus, l'entrée du commissaire et de ses acolytes a quelque chose de bouffon, de plat, qui jure avec la gravité du moment.

Le serrurier et ses clés passées dans un cercle de

fil de fer, le crochetage de la porte, qui tourne la pensée vers les cambrioleurs, et fait siffler dans la mémoire, — en un pareil instant, — la célèbre valse de ce nom, tout cela est vil, déplacé, sans chic. Une femme adultère a parfaitement le droit de se déclarer offensée par des procédés aussi bourgeois et aussi discourtois.

Il n'en va plus du tout de la sorte avec le revolver. Parlez-moi du revolver pour mettre tout le monde d'accord, et concilier la douce vengeance avec le décorum et les égards.

Alors, la femme coupable, assassinée par le mari, tourne vers lui des yeux mourants chargés de reconnaissance, car elle pense : « Fallait-il qu'il m'aimât pour avoir consenti à devenir ce qu'il aurait certainement hésité à être de sang-froid, — je le connais ! — à devenir un assassin ! »

Cela vous a tout de suite un autre air. En tuant l'amant aussi, le mari enrichit le côté dramatique et sensationnel de l'aventure. Il le peut, s'il le juge, et son épouse expirante l'absout en l'admirant d'être l'auteur d'un pareil cinquième acte.

La logique même du raisonnement nous amène à la conclusion de ces prémisses : la plus belle façon pour un homme de prouver à une femme qu'il l'aime, c'est de la tuer.

Les syllogismes et les sorites ont de ces surprises, et l'Amour, fils du Caprice, a de ces exigences.

Du vasselage

Comment, madame, moi qui vous croyais si douce
et si sage, si éloignée de toutes les billevesées mal
sonnantes des révolutions féminines, si heureuse
dans votre calme intérieur et dans votre délicieux
home, vous vous déclarez, vous osez vous déclarer
enchantée et ravie par la succession de ces pièces
de théâtre dont le thème éternel et monotone est la
révolte de l'épouse ! Vous me peinez par l'encouragement gracieux que vous accordez à cette littérature de mécontents, à ces empêcheurs de se marier
en rond, à ces criailleries conjugales, à ces grincheu-
ses remontrances pour lesquelles l'art dramatique
épuise toutes les métaphores et dilapide tous les ordres
d'idées ; tantôt c'est la judiciaire, avec la *Loi de
l'homme;* tantôt c'est la serrurerie, avec *les Tenailles;*
tantôt c'est la féodalité, avec *la Vassale.* Et ce que
vous ne savez pas, je suis particulièrement heureux de pouvoir vous l'apprendre, en considération
de l'intérêt que vous me paraissez porter à ces
vilaines questions : un certain nombre d'autres pièces du même genre sont en préparation ; nos meilleurs auteurs, les plus estimés et les plus appréciés
du public féminin dont vous êtes l'ornement, se sont
attelés au char de l'émancipation féminine, et par-
courent en ce moment la Route de la Révolte.

Ils m'ont prié de ne pas les nommer encore, et je

n'ai pu leur refuser le service de leur épargner cette
publicité dont vous savez qu'ils ont tous horreur ;
mais ils ont publié les titres, à seule fin de prendre
date, comme il est à présent d'usage. Car vous n'ignorez pas que les titres sont chose rare et précieuse ;
ce n'est pas une petite affaire, ni une mince fortune
d'en trouver un ; cela ne se ramasse pas sous les
pieds d'un cheval ; cela ne pousse pas sur la route
avec les orties; dès qu'on en a un, vite, il faut courir
le donner aux journaux, le faire inscrire, mettre dessus sa prise et son cachet, prendre toutes les pré-
cautions pour que personne ne puisse se l'appro-
prier, ni s'en saisir. Une Illyrienne à qui j'expliquais
cela ces jours-ci, me demanda :

— Vous parlez bien, n'est-ce pas, des titres de rente ?

— Mais non, madame, des titres de pièces dramatiques !

Voilà pourquoi les plus distingués et les plus
estimés parmi nos bons auteurs dramatiques ont
déposé pour le brevet quelques titres de drames et
de comédies d'autant plus précieux que toutes ces
œuvres nouvelles traitent le même sujet, à savoir :
Madame Maugrée, ou *l'Épouse mécontente de son
sort.*

Par l'appréhension où j'eusse été de fatiguer vos
jolis yeux, je n'ai pris copie que de quelques-uns,
agréables par la variété des métaphores. Ce sont :
*La Griffe, Charybde ou le Scaphandre, la Chambre
noire, la Proie, la Cage, le ou la Poêle, le Cancrelas,
la Gangue, le Tonneau, le Couperet, la Souricière,
le Billot, la Tombe, l'Almée, l'Ilote, la Tourie, la
Cuve, la Glu, la Chrysalide, l'Abîme, le Crampon, le
Traquenard, le Carcan, la Garenne, la Gangue, la
Volière, la Geôle, la Faisanderie, la Chiourme, la*

Niche, le Cul-de-Sac, la Chambre ardente, l'Etui, le Tunnel, le Cachot, la Contrainte, la Violence, la Contracture, le Marché, la Pince, la Louerie, l'Eteignoir, la Fournaise, le Glacier, etc.

Tout cela désigne, avec des images diverses, le mariage et la mariée.

Ce n'est pas qu'aucun de ces titres soit bien transcendant, mais nos auteurs ont raison d'y tenir. Il suffit quelquefois d'un titre. Rappelez-vous cet homme si célèbre dont le nom m'échappe. Pour arriver à la gloire, il n'a jamais rien fait que d'annoncer le titre d'un livre qui n'a jamais été écrit :

De l'incommodité des commodes.

Il n'en faut pas plus.

Vous êtes donc assurée, madame, vous qui aimez les peintures de ménages qui vont mal, les fresques où les petits Michel-Ange de ces temps font tordre les damnés de l'enfer conjugal, vous êtes assurée, dis-je, de ne manquer point de pâture. J'en suis ravi pour votre esprit et j'en suis fâché pour votre cœur.

Est-il possible, madame, que vous donniez dans ces turlutaines ! Vous, vassale ? vous, feudataire de votre seigneur et mari ? Ah ! le bon billet ! Tenez, je vous vois, vous riez sous cape.

Le diable, je vais vous le dire. Nous ne sommes pas les premiers arrivés sur cette terre, qui a déjà vu des hommes avant nous. Et de tous temps, bien avant nous, il y a toujours eu deux catégories de mariages : ceux qui font de bons ménages, et ceux qui font de mauvais ménages.

Les bons ménages, cela va tout seul. Amour, intérêts, espoirs, travaux, peines et bonheurs, tout est en commun, et l'attelage va sans secousse, du même pas, vers le même but.

— Montrez-m'en donc !

— Il y en a, madame.

Si l'attelage tire à hue et à dia, cela ne va plus. C'est le mauvais ménage. Nous ne l'avons pas inventé. On en cite dans le passé. Mais ce que nous avons inventé, c'est la nouvelle théorie pour ramener la paix là-dedans : au théâtre, on ne nous montre plus que cela. Étant donné un ménage où il y a de la brouille, dites à la femme : « Or ça ! Montjoie Saint-Denis ! Nous allons en découdre ! Prenez un code d'une main et un amant de l'autre ! Sang et feu ! Vous commencez par commettre, n'importe où, un bon adultère, vous rentrez vite le raconter à votre mari avec tous les détails, en dépiautant le code par intervalles, pour montrer qu'il n'est pas bien fait. Allez, et je ne vous dis que cela ! Vous verrez comme, tout de suite, tout va s'aplanir, s'arranger, comme le mari sera content, comme on va tous s'embrasser. A présent, vous avez la recette. »

Voilà où nous en sommes, et voilà ce que les Saumaise futurs extrairont de notre théâtre contemporain pour amuser leur public. La méthode est étrange ! Cela brûle ? jetez de l'huile sur le feu !

Pourquoi ce théâtre-là rencontre-t-il, sinon une résistance, tout au moins la froideur d'un certain public? On ne s'y précipite pas comme à une pièce d'Augier ou de Molière, en foule, à l'unanimité.

— Parce qu'il n'y a pas de talent.

Mais pardon, il y en a beaucoup et du plus fin.

— Parce que c'est nouveau, et qu'en France on est très routinier.

La raison me semble être que ces pièces-là sont faites pour une catégorie de femmes, que j'oserai appeler irrévérencieusement « les mauvaises têtes ».

Ce sont des rôles qui ne peuvent être tenus que par de certaines artistes au physique particulier, d'aspect nerveux, capricieux, despotique. Et les maris ? Ah ! Madame, préservez celles que vous aimez de voir jamais leur sort uni à ces tyrans-là :

— Vous ferez ceci ! Vous ferez cela ! Quoi ? Lisez la loi !

Et allez donc ! c'est Bidel dans la cage aux lionnes. On aura beau faire, ces ménages-là sont bien incurables. Il ne fallait pas les créer, d'abord, et puisqu'ils existent, le meilleur moyen est de les défaire au plus vite, puisqu'à présent c'est possible. Que voulez-vous tirer de deux pots de fer furibonds qui passent leur temps à se tamponner ?

Dans tout cela, on a beau m'apitoyer, je ne puis plaindre la femme. D'abord, la femme révoltée a toujours des airs de virago qui la masculinisent ; mais, enfin, elle peut avoir ses raisons, et celles-ci peuvent être excellentes. Loin de partager les doléances de mes dramaturges, je trouve au contraire la femme moderne formidablement armée contre l'homme: et cela n'est-il pas déjà constaté même par le terrible arsenal des lois que l'homme a forgées pour se protéger ? Est-ce qu'on fortifie une ville contre un ennemi méprisable ? Faut-il des canons pour réduire les Lilliputiens ? Hercule s'est-il servi de sa massue contre les Pygmées ? Allons donc ! le fait même que l'homme organise sa défensive avec une tactique si serrée, prouve que la femme peut et sait se défendre. Elle a des armes bien plus redoutables que toute l'artillerie de nos procédures ; elle a la grâce, et elle a l'amour, suzerain suprême et des cœurs et des intelligences. Que voulez-vous faire là contre ? D'un regard, d'une intonation, d'une

supplication tendre, elle fait tomber tout l'appareil
puissant de nos fortifications, et elle entre dans la
place sans coup férir, en souriant. Pauvre nous !
Cette vassale-là, c'est nous qui sommes ses feuda-
taires.

Elle n'est pas à plaindre. Elle est forte contre
nous. Et puis relisez Molière ; quand elle est grave-
ment fâchée,

> Une femme a toujours une vengeance prête.

Je lisais ces jours-ci l'histoire touchante — c'est le
mot — d'une ces pauvres vassales. Cette malheureuse, c'était la femme du poète Delille, fécond en
périphrases, qui appelait une épingle tout uniment :

> Ce dard léger
> Fait pour fixer le lin sur le sein des bergères.

Sa femme, pauvre victime, faisait elle-même les
vêtements de son mari, par économie. C'était une
personne entendue, et de tête. Delille fit un jour
cet impromptu sur des culottes neuves qu'elle avait
cousues :

> De ma douce compagne, ouvrière assez forte,
> Ces culottes sont un bienfait ;
> Oui, mon ami, c'est elle qui les fait...
> Aussi, c'est elle qui les porte.

Elle les portait rondement. Les vers de son mari
étaient payés cinq francs pièce. Elle l'enfermait à
clé avec ordre de faire des pièces de cinq francs.

S'il regimbait, elle le giflait à joues que veux-tu,

Chateaubriand raconte qu'il alla le voir, et le trouva avec la figure toute rouge de taloches.

Elle était la Xantippe de celui qui ne fut pas un Socrate.

Pauvre vassale ! En somme, la violence et la ruse sont les moindres parmi les mille ressources dont dispose la femme contre l'homme. Elle a toujours tort d'en user : son seul sourire est bien plus fort.

Et puis enfin, pour conclure, il n'est pas que des mauvais ménages et des enfers légitimes. Si on parlait un peu aussi des autres ? Quelle étrange et maladive prédilection tourne obstinément les regards des dramaturges vers les ratés du mariage ? Ce qu'on appelle si élégamment la « rosserie » en art n'a-t-il point assez fait son temps ? Quelle charmante surprise, le jour où un auteur nous montrerait des époux contents d'eux, un mari poli, une femme aimante, qui n'appellerait pas son affection une soumission ?

Une pareille audace ferait peut-être d'abord crier. Ne croyez-vous pas, madame, qu'on s'y ferait tout de même, et que cela plairait au théâtre, un mari pareil à ce poète Lemierre, disant de sa femme, jeune et jolie : « Tous les jours je lui passe la main sur les épaules pour voir s'il ne lui pousse pas des ailes. »

Vous estimez qu'on poufferait ? Peut-être !

Drôles de nous !

Les deux divorces.

Madame et pauvre vassale, voici que, derechef, une lettre de moi vient vous trouver dans votre solitude et dans votre ennui désolé. Point n'est ma faute, car je vous avoue que je ne pensais plus à vous, et je vous croyais remariée autant qu'heureuse.

Chaque année, quand la saison théâtrale reprend, nous vivons en un tel temps qu'aussitôt les objurgations et les colères recommencent. Une héroïne de théâtre refuserait aujourd'hui de parler, si ce n'est pour gémir sur sa vassalité, honnir le servage légal, braver le maître, et faire souffler sur le ménage le vent rapide de la révolte.

Le théâtre est devenu la vallée de Josaphat des femmes mariées. Ce ne sont que cris et lamentations et fureurs. C'est un vacarme de réclamations, d'objurgations, de clameurs, d'injures et de coups. Le mari hurle, la femme vocifère, le piano pleure sous les coups de poing, les vases des cheminées gémissent en se brisant, les coussins voltigent, les chaises servent de javelots et les guéridons de remparts ; les plus sévères aménités frappent l'air et nos oreilles.

Je vous mets au défi d'entrer dans un de nos théâtres, le soir, sur le coup de dix heures et demie, sans que vous soyez sûre de trouver sur la scène une querelle de ménage, un mari et une femme qui se chamaillent comme des chiffonniers. Les premiers mots qui frapperont vos oreilles seront les douceurs qu'ils échangent d'une voix suraiguë et sifflante :

— Sale bête !

— Brute !

— Rosse !

— Foutriquet !

Voilà le ton, quand ils commencent. Le reste est un crescendo complaisamment gradué.

Tel est le tableau que nos psychologues contemporains font du mariage moderne, pour encourager les célibataires.

En somme, madame, tout le monde vous plaint. Vous êtes la pauvre sacrifiée, la grande et éternelle blessée, et l'homme est un butor. En prenant conscience de vos ressources intellectuelles et de vos facultés par l'éclosion splendide du féminisme et l'épanouissement rayonnant des droits de la femme, vous rêvez un autre état social, où ce sera la femme qui sera le maître, et où ce sera l'homme qui se laissera modestement et timidement demander en mariage.

Il apparaît au moins prévenu des esprits que vous êtes mécontente de votre sort. Je vous plains, et je veux chercher avec vous à l'améliorer.

Je ne sais si le théâtre contemporain est une fidèle peinture de nos mœurs ; en tout cas, si cela est, le mariage devient un métier de crieur. Mais j'aimerais que nos dramaturges eussent un peu la préoccupation du remède au mal qu'ils découvrent.

Que signifie de dire à la société :

— Ma chère société, je vois où le bât vous blesse. Vous avez mal là. C'est le mal du mariage.

— Ah ! mon bon monsieur, guérissez-moi !

— Vous guérir ? Cela n'est point dans mon rôle, et je vais seulement faire une aquarelle fort exacte de votre plaie.

Il surgit de toutes parts tant de pièces dirigées contre le mariage, cet esclavage légal, qu'il est évident qu'on rêve un état supérieur et meilleur, contre lequel on ne voit pas que ces mêmes jeunes auteurs aient jamais rien objecté. Il est clair que quelque chose suivra cet abatage systématique du mariage. *Pars destruens, ars construens.* Après qu'on a sapé, il faut bâtir. Renverser n'est rien ; il faut remplacer.

Par quoi nos philosophes dramatiques voudraient-ils remédier à la notoire infirmité du pacte conjugal ? Leur secrète pensée est visible, et le rêve de nos sociologues paraît être l'union libre.

C'est une coutume qui existe déjà depuis longtemps, et tous et chacun peuvent d'ores et déjà l'adopter. Mais ces libertaires désireraient que la chose fût généralisée et admise, approuvée par le monde. On ne devrait pas être libre de choisir une autre union que l'union libre. Cette mesure produirait un nivellement flatteur pour ce régime.

Si vous voulez mon avis, madame, ce prétendu remède n'en sera jamais un, et je le trouve pire que le mal. L'union libre existe déjà sous le nom peu poétique de *collage*. En vérité, le bel état et la liberté peu enviable ! C'est la chaîne mal dissimulée sous les fleurs. C'est l'apparence de l'indépendance, qui cache l'attache ferrée, vissée, boulonnée. Le régime est à l'avantage de la femme, car il ne lui crée que des droits et pas de devoirs.

Nos psychologues s'ingénient à faire de cet état quelque chose de poétique. C'est dans la banlieue de Paris ; la maison est blanche et petite ; le jardinet pousse tant qu'il peut ses pommes de terre et ses oignons : on se croirait chez le vieillard de Tarente. Monsieur a un abonnement en seconde classe au chemin de fer ; Madame, en camisole, fait bouillir le pot et lave les assiettes. Elle est douce, soumise, caressante ; comme elle n'a rien, elle a l'attachement et la docilité du chien ; son maître est son seigneur ; jamais une plainte, ni un grief ne font grimacer sa lèvre toujours souriante, et elle cueille au printemps les violettes de la petite pelouse pour fleurir la table pauvre qu'enrichissent le bonheur et l'amour.

Ce sont là les peintures qu'on nous fait chaque jour de l'union libre, présentée comme l'état idéal et souhaitable. On se croirait revenu aux descriptions mouillées de J.-J. Rousseau ou du marquis de Saint-Lambert.

Mais attendons la fin, car c'est là que gît le poisson.

Est-il rien de moins libre que cette union libre ? Qu'arrivera-t-il le jour où l'un des deux en aura assez et voudra rompre ?

Le mariage a son remède pour les cas désespérés : c'est le divorce. La loi protège la dissolution, comme elle a consacré l'union.

Mais il n'y a pas de divorce pour le collage, qui est en réalité une terrible tunique de Nessus. L'union libre aliène et annihile la liberté pour la vie.

Ouvrez votre journal : il ne se passe pas de jour où la rubrique des faits divers n'ait à enregistrer quelqu'un de ces sombres drames du collage.

Car ces associations volontaires et sans contrôle ne se dénouent que dans le sang.

Le revolver, le vitriol, voilà jusqu'à des temps meilleurs le divorce des amants.

La maîtresse a accepté un maître ou par amour ou par calcul.

Dans les deux cas, la séparation est une déchirure mortelle. Ils s'étaient pris l'un et l'autre, ils s'étaient liés, s'imaginant que, puisqu'il n'y avait ni contrat ni mariage, ils ne compromettraient pas leur indépendance.

Et voilà qu'en réalité, leur chaîne est plus lourde et plus implacable que le lien conjugal. Le jour où l'un des deux veut se retirer, l'autre se cramponne, pleure, crie, menace, blessé dans son amour ou dans son intérêt. Souvent, pour la femme entretenue, l'amant, c'est l'ennemi qu'il faut gruger, duper, tromper, ridiculiser, berner par des consolations externes et discrètes, et tout cela hypocritement, sournoisement, avec le sourire forcé de l'adoration feinte devant celui qui paie ; c'est le banquier, on le dédommage en fausse monnaie d'amour, puisque l'imbécile n'y voit rien. Mais qu'il ne s'avise pas de rompre : ce ne serait plus de compte ; ce serait une faillite de caissier. La femme délaissée voit tout à coup dans l'horizon de sa vie un trou noir, un abîme qui lui fait peur ; elle n'a plus devant elle que la misère, l'abandon quelquefois avec son enfant ; sa tendre jeunesse et sa fraîche beauté ont pâti dans la rude vie menée ensemble. Même si elle y songeait, elle ne trouverait plus personne. Tout est fini, tout est perdu pour elle : et elle tue.

Le contrat conjugal, scellé par la loi, peut se défaire légalement.

L'union libre est un engagement à vie.

On délie un mariage avec de l'encre.

Il faut du sang pour défaire un collage.

Ce sont deux divorces de natures diverses. Quel est le meilleur ?

Il ne faut pas oublier que les lois humaines ont été faites pour adoucir, apaiser, réglementer, humaniser la grande loi naturelle, laquelle est terrible et sans merci.

Le flirt

Flirt est un déguisé. Je te connais, beau masque !
C'est un faux bonhomme. Otez-lui son casque de
Stanley, son ulster, sa lorgnette en bandoulière et
son Bœdeker : vous verrez qu'il n'avait d'anglais
que l'apparence et le costume.

C'est un mot délicieusement français.

Vous écrivez flirter.

Vous prononcez fleureter.

Et fleureter, c'est conter fleurette.

Il n'y a pas pour un sou d'anglais là-dedans. Ah !
madame, si vous saviez comme on est pillé dans ce
bas monde ! Les Anglais nous ont pris fleurette et
fleureter ; ils nous rendent nos mots travestis, habil-
lés à Londres, et ils ont l'air, ma parole ! de nous
faire un cadeau !

Mais, messieurs les Anglais, Robin et Marion se
contaient fleurette chez nous bien avant que Brigh-
ton ou Saratoga existassent ! Nous sommes toujours
si naïfs ! C'est comme avec Wagner. Nous avions
dans notre Moyen âge de jolies légendes de Perceval et du Chevalier du Cygne. Les Allemands n'ont
eu qu'à prononcer Perceval à leur façon, et à en
faire Parsifal, pour nous persuader qu'ils nous gra-
tifiaient de quelque chose. Vous verrez qu'avant
peu, on finira par nous convaincre que Jeanne d'Arc
est une légende espagnole.

Ce que je désirerais que vous me commentassiez,
madame, — excusez l'imparfait, rien n'est parfait,
et il faut bien un peu parler Vaugelas, — c'est ce
qu'il faut entendre par ce terme d'un usage si banal
qu'il est des chances pour qu'il recouvre les idées
les plus disparates.

Il est bien des degrés de la galanterie au pire.
Il n'y a que vous, madame, qui puissiez là-dessus
fixer et préciser nos idées. La différence est-elle simplement celle des paroles aux actes, quelque « vio-
lantes » (par un a) que soient ces paroles ? C'est Mes-
chinot, je crois, qui donnait cette définition :
« Fleurette est quand la femme s'en tire les braies
nettes. » Observez, n'est-ce pas, comme ces gens
d'alors étaient grossiers et brutaux dans leur élo-
cution. Mais ils disaient ce qu'ils voulaient dire.

Qu'est-ce qu'il n'y a pas, dans ce mot, le flirt ?

Il est fait d'illusions. Un homme et une femme
qui échangent des galanteries nouent entre eux
comme un petit commerce secret. Ils se disent tout
bas et derrière l'éventail des choses qu'ils ne vou-
draient pas qu'un tiers entendît, et qu'ils ne profè-
reraient pas devant la galerie. Il se forme donc entre
eux une entente tacite, une sorte de complicité.
Ensemble et de concert, ils ont franchi les bornes
de la conversation licite à haute voix ; ils vagabon-
dent par les prés défendus et les chasses gardées,
et ils se cachent derrière les arbres et les meules,
sans mal faire, mais avec toutes les apparences de
mal faire. Le flirt, c'est fanfaronnade de vice. Comme
il cesse pour prendre un autre nom, aussitôt qu'il y
a abandon total, acquiescement et possession, il n'est
jamais que préliminaire, et sa nature même est dans
sa discrétion.

La mesure, le tact, la réserve, les limites, sont nécessaires au flirt, qui est comme une fleur d'atticisme. Elle meurt et s'étiole, si vous la pressez trop. Le flirt n'est fait que de commencements et d'ébauches. N'allez pas au-delà : vous tombez aussitôt dans la pornographie, la débauche et le vice. Il y a là une crête étroite sur laquelle il faut évoluer sans chutes. Le flirt a ses acrobates. Il y faut de l'adresse, de la prestesse, de l'agilité, de la légèreté, une grande délicatesse de touche. Glissez, mortels !

Le flirt est un commencement de tout : c'est le vestibule de l'amour, le péristyle de la passion, le perron de l'affection. Il vous laisse à la porte. Il ne séduit que les gens d'imagination, dont l'esprit se plaît à continuer le mouvement et la marche, et ils entrent par la pensée dans ce cœur qui a consenti à ouvrir, si l'on peut dire, sa véranda. Il y a des gens qui racontent qu'ils sont reçus, alors qu'ils n'ont jamais dépassé l'antichambre où ils déposaient leur carte de visite. Le flirt, c'est la carte de visite de l'amour.

Mais il est des âmes imaginatives qui se plaisent à continuer en elles-mêmes et pour elles-mêmes le rêve intérieur commencé ; ces âmes-là sont flirteuses. La pensée achève et complète ce que la réalité a laissé imparfait. C'est pour cela qu'il n'est pas de bons flirts dans le commerce et dans les affaires, où il n'y a que des gens trop posés, des esprits trop pratiques pour se laisser séduire par les apparences vaines, qui prolongent le réel dans le domaine du possible et de la poésie.

En revanche, le flirt exige la faculté de se laisser duper complètement et volontairement, par des espérances dont on sait qu'elles auront courte durée.

Il faut avoir la passion du présent et l'incurie du lendemain. Il faut être du moment : un flirteur souffrirait trop, s'il rêvait à son flirt un avenir possible, un développement normal et une conclusion ! Ce ne serait plus du flirt. Ce serait de l'amour. Cela fait deux. Pour bien flirter, il ne faut pas aimer. Il convient que l'esprit soit libre et dégagé, pour opérer des pirouettes savantes et gracieuses. Un amoureux a le droit et le devoir de paraître stupide. Le flirt doit être élégant, spirituel, alerte.

Tout en se disant sous le charme de celle qu'il courtise, il faut qu'il soit bien pénétré de l'idée que demain aura tout effacé ; il ne restera tout au plus que le souvenir de quelques bons mots, qu'on garde pour les replacer ailleurs. Le renoncement facile est une des conditions primordiales du flirt.

Entre nous, quel curieux et bizarre exercice ! Il n'apporte rien de réel, il ne donne pâture qu'à l'imagination ; tout y est fictif, illusoire, mouvant.

Oui, mais il a procuré l'illusion d'un moment, illusion délicieuse, enivrante, capiteuse en raison de la vivacité de l'imagination des champions. Et au-delà, quand le duo momentané et superficiel a pris fin, quand s'est tu le susurrement discret des deux côtés de l'éventail, quand chacun est rentré chez soi, il reste de délicieux souvenirs, les meilleurs que puisse donner l'amour, que dis-je ? bien meilleurs que ceux de l'amour. Car dans le flirt, il n'y a ni regrets, ni remords, ni espérances déçues, ni souffrance ; tout n'est que grâces, que ris, que jeux ; personne n'a rien donné, personne ne regrette rien, car le flirt est discret de nature.

Telle miss américaine congédia son flirt parce qu'il avait voulu la conduire sur la terrasse du Casino pour lui chatouiller les bras.

Ainsi le flirt est un jeu, un exercice, une gymnastique, un entraînement, un avant-goût de quelque chose, une duperie volontaire et désirée. C'est un régal de délicats et d'attiques, trop fin pour les goulus.

Et puis aussi, il y a des vestibules qui mènent à des appartements. Mais il ne faut pas trop y compter, et il convient de se persuader qu'en entrant dan3 le flirt, on entre dans une maison qui n'a qu'une façade et un péristyle, comme ces habitations espagnoles dont la seule partie agréable, supportable et ornée, est le *patio*, la cour d'entrée.

Le flirt est le patio fleuri de l'amour. Tenez-vous-y : le reste de la maison est sombre, triste, plein de décevance. On dit : l'amour et ses tourments ; chagrin d'amour dure toute la vie. Vous n'entendrez jamais parler du flirt de façon si désavantageuse. Il tient le milieu entre l'amitié et l'amour. C'est une amitié intersexuelle un peu poussée. Or, rappelez-vous ce que disait un arbitre en l'espèce, la belle Madame de Sabran :

> Pourquoi l'Amour est-il donc le poison,
> Et l'amitié le charme de la vie ?
> C'est que l'Amour est fils de la Folie,
> Et l'Amitié, fille de la Raison.

Remède d'amour

Il faut, madame, que je vous fasse part de la divertissante aventure qui me fut contée hier dans la vesprée. Je crois qu'elle réjouira vos loisirs estivaux, pour ce qu'elle vous donnera à penser sur l'étrange humeur des hommes. Je vous la veux seulement narrer à la grecque, pour égarer toute application.

Un vieillard, nommé Androclès, logeait en une maisonnette écartée, au fond du quartier du Céramique, proche Athènes. Il élevait chez lui une jeune fille, nommée Irène, qui grandissait en grâces et en beauté, et excellait à tresser les guirlandes fleuries, à toucher du psaltérion et à retenir dans les ruches polies les essaims d'abeilles accourus vers elle du sommet violet du Lycabète.

Androclès avait aussi un fils nommé Bousthène, qui atteignait sa quinzième année, et qu'il aimait tendrement.

Bousthène devint amoureux d'Irène. Mais il n'osa le lui dire, par la connaissance qu'il avait du dessein où était son père, d'épouser sa pupille. Comme il était un fils dévoué et soumis, il aima mieux languir et souffrir, que faire rien qui pût contrister un père chéri. Il garda donc son secret, et s'il ne rima point un sonnet d'Arvers, c'est que le sonnet n'avait pas encore été inventé par Apollon, ce dieu bizarre.

Mais rien n'est pernicieux pour la santé comme une passion rentrée. Bousthène devint malade. Il dépérissait à vue d'œil.

— Tonnerre de Zeus, s'écria le père, qu'est ceci ? Mon fils qui brillait au pentathle et n'avait pas son pareil au cyclodrome n'est tant seulement plus capable de soulever un disque !

Il fit mander le médecin, un vieil ami de la famille, que nous nommerons Panacéos, et il lui dit :

— Docteur, je n'ai qu'un fils, fort comme Nisos, et beau comme Euryalos. Il avait tous les prix au cirque, et Polyclète l'eût désiré pour modèle. Cependant, il pâlit, il maigrit, et je le surprends souvent abattu et rêveur, les pieds dans l'Ilissus, insoucieux des Canéphores qui passent, et dédaigneux des hétaïres, dont les semelles de terre cuite laissent empreints sur le sable des mots qui signifient : Suivez-moi, jeune homme ! Il ne les regarde point, et il pousse de sa poitrine des soupirs à fendre l'âme. Je l'aime avec la dernière tendresse. Quel mal le consume? Vais-je donc le perdre à la fleur de l'âge? Vous qui voyez dans les corps comme dans une source limpide, apprenez-moi ce qui le mine, et n'épargnez rien pour le ravir au trépas. »

Panacéos ausculta Bousthène, inspecta ses yeux et sa langue, se récita tous les préceptes du Maître Aristote, afin de n'en oublier aucun, et ne découvris rien.. Il ne savait que penser, mais il allait toujours rédiger une ordonnance, persuadé que la confiance dans les médecins s'en irait vite, s'ils avaient jamais l'air d'hésiter.

Il allait donc prescrire au jeune homme des médicaments qui l'eussent infailliblement rendu malade, et qui eussent facilité le diagnostic en précisant le mal, quand le hasard l'empêcha de faire cette sottise criminelle.

A ce moment, Irène passa dans le fond de la cour

fleurie où le docteur donnait sa consultation, près du bassin dont le jet d'eau chantait doucement.

Panacéos vit que le jeune homme tressaillit ; son teint devint plus pâle, comme si le sang refluait vers le cœur ; ses yeux prirent un éclat vif et soudain, et un mouvement nerveux agita cette belle tête encadrée de longs cheveux bouclés.

Le docteur se retourna pour voir la cause de ces signes d'émotion. Il aperçut Irène qui passait. Il ne fit semblant de rien, et se dit en lui-même.

— Ah ! Eurêka !

Il n'eut garde de faire voir qu'il avait surpris ou soupçonné un secret. Il dit au père :

— Seigneur Androclès, je vois ce que c'est. Il faut que je retourne chez moi pour préparer les remèdes nécessaires. Je reviendrai dès demain. Nous guérirons votre fils, ne craignez rien.

— Ah ! docteur, tout ce que j'ai est à vous, si vous faites un pareil miracle, et je promets à Diane un pèlerinage au temple d'Eleusis. J'offrirai sur ses autels une brebis blanche comme le lait, des châtaignes, et des raisins natifs de Corinthe.

— Fort bien, seigneur Androclès. Bonsoir.

Le lendemain, Androclès, anxieux, attendait le docteur sur le pas de la porte. Il l'aperçut enfin au détour du chemin poudreux, et il lui sembla que sa démarche était bien lente au gré de son impatience. Il vola au-devant de lui, et il lui mit une main sur le genou, l'autre sur le front, en le suppliant.

— Vénérable vieillard, fils docte d'Esculape, si jamais je vous donnai ponctuellement vos honoraires, accourez vite rendre à mon fils les bienfaits de la santé et la force des éphèbes !

Panacéos avait le visage songeur. Il ne répondit

mot, prit un air plus grave encore, s'il était possible, et montrant la porte d'Androclès, il dit brièvement :

— Entrons d'abord.

Androclès suivait en tremblant l'oracle d'Esculape. Quand ils furent arrivés dans la cour intérieure de la maison, où le jet d'eau chantait doucement parmi les asphodèles, le docteur s'assit, frappa son genou de la dextre, fit un soupir, et dit :

— Ça, voisin Androclès, en voici bien d'une autre !

— Qu'est-ce, docteur ? Vous me faites trembler.

— Ce qu'il y a, ô demi-Béotien ! Il y a que la maladie de votre fils est incurable.

Androclès crut que la moelle se figeait dans ses os ; et un frisson parcourut ses membres velus. Il s'écria :

— O Zeus puissant ! Athéné, protectrice de notre ville ! Poséidon, maître des eaux ! Asclépios, qui connais les simples des montagnes ! Héra aux yeux de vache ! Ganymède aux bras blancs ! Dieux et déesses de l'Olympe, puisse votre fureur se détourner sur ma tête comme l'orage qui glisse au-dessus de l'Attique pour aller ravager l'Argolide ! Mais, dis-moi, ô zélé docteur, et ne me cèle point pourquoi la maladie de mon pauvre enfant est incurable ?

— Votre fils souffre d'un mal auquel la médecine n'a rien à voir.

— Lequel ? par les Dioscures ?

— Il est amoureux.

— Et de qui ?

— De ma femme, ô Androclès.

— Ma Dià ! que dis-tu ? Mon fils aime ta femme, ô docteur ?

— C'est la pure vérité, ô voisin Androclès. Mon

épouse est jeune et jolie. Il l'a vue une fois, et depuis, il en est amoureux et la désire éperdûment.

— Ce que tu dis là ressemble, ô docteur, à une chose fort extraordinaire.

— C'est ce qui est pourtant. Le mal est sans remède et la blessure est profonde. Il en mourra.

— Tu dis bien, ô docteur, que si le désir amoureux qu'il a de ta femme n'est point satisfait, il en mourra ?

— Cela est ainsi, et non autrement.

Alors vous auriez vu Androclès se lever, se précipiter aux genoux du docteur, embrasser ses pieds en lui disant :

— O docteur ! S'il est vrai que des nœuds anciens d'amitié nous unissent, ne sois pas inexorable et ne souffre pas de voir devant tes yeux un père pleurer la mort de son enfant ! C'est l'appui de mes vieux ans ; sauve-le ! sauve-nous !

— Mais comment ?

— Pour une fois, ô magnanime ami, permets...

— Serviteur, en vérité, voisin Androclès ! Osez-vous bien proposer à un homme de mon état une cure de ce genre ? Possible que ma femme soit une drogue pour moi : mais je n'en tiens pas boutique pour les autres ! Allez ! la douleur vous égare !

— Une seule petite fois !

— Androclès, vous êtes affligeant. J'aime ma femme, et la seule idée d'un partage me ferait mourir. Et cela n'est-il pas naturel ? Voyons, mettez-vous à ma place ; vous aimez fort cette petite Irène ; s'il s'agissait d'elle, au lieu de ma femme, si votre fils aimait Irène, je vous le demande en conscience, consentiriez-vous ? Non, n'est-ce pas ?

— Ah ! si, grands dieux ! Plût au ciel que ce fût

d'Irène qu'il s'agit. De tout mon cœur, je la céderais pour sauver la vie de mon enfant ! Je n'aurais pas le cœur barbare que je vous vois, et mon fils serait sauf !

— Eh ! Quoi ? Vraiment ? Vous le feriez ?

— Oui, certes.

— Alors, votre fils peut être considéré comme guéri, grâce à vous : car ce n'est pas de ma femme, c'est de votre pupille Irène qu'il est éperdûment amoureux ! S'il vous semblait raisonnable que je partageasse ma femme avec lui pour le guérir, je crois qu'il est bien plus juste de lui céder votre maîtresse. »

L'histoire ne dit point ce qu'il en advint. Mais Bousthène reparut peu après sur l'agora, frais et dispos, tout ragaillardi.

Voilà le conte qui me fut fait, madame, il m'a paru qu'il était utile de conserver ce cas de psychothérapie; il est à l'honneur des médecins ; l'occasion est trop rare pour la laisser échapper.

Filles ou Garçons

Madame, en voici bien d'une autre ! Il paraît que les femmes vont p'uvoir procréer, à volonté et au choix, des filles ou des garçons. Il n'y aura qu'à souhaiter, comme à la brasserie quand on demande un bock, et que le garçon vous accorde libéralement la latitude de céder à votre préférence :

— Brune ou blonde ?

C'est même beaucoup mieux, car dans l'espèce, la femme se servira et se contentera elle-même, au gré de son caprice personnel, sans consulter personne, ni dépendre d'aucun. Encore le client doit-il attendre du garçon qu'il veuille bien lui apporter son verre de bière. Tandis que la mère, à la seule condition qu'elle se trouve dans cet état particulier et digne d'intérêt qui, seul, confère le titre de mère, s'arrangera toute seule et comme bon lui semblera. C'est seulement une affaire de nourriture et de régime, comme à l'hôtel du Righi, riz ou pruneaux, garçons ou filles.

Et cela est étonnant, si cela est vrai. Voilà certes qui peut s'appeler une conquête de l'homme sur la nature, et par l'homme, j'entends la femme.

C'est même, à vrai dire, une conquête de la femme sur l'homme, et la science vient de fournir un triomphe nouveau et imprévu au féminisme. Imaginez un ménage où, comme il est vraisemblable que le cas arrivera, surgissent des querelles sur le sujet du sexe à donner au futur rejeton :

— Ce sera un garçon !

— Moi, je te dis que je veux une fille !

Belle malice ! Madame fera semblant de manger un peu de pruneaux devant Monsieur, et elle avalera force riz en cachette, et ce sera un garçon. Il n'y aura pas moyen de lutter.

Nous sommes vaincus, frères ! Il est vrai que, pour ce que nous y pouvions auparavant, la perte n'est pas grande.

La question n'est pourtant pas neuve. Je me rappelle avoir feuilleté un très bel incunable à gravures sur bois, dans lequel étaient donnés en latin des détails et des conseils sur le sujet qui nous occupe. C'est de la technique tellement médicale qu'il ne m'est pas aisé, madame, de satisfaire ici votre légitime curiosité. Le moyen est pourtant si simple que Lucine me persécuterait de ses traits si je vous le célais. Par périphrase donc, ou par circonlocution, s'il est permis aux poètes de comparer un couple amoureux à l'attelage de Vénus, il serait inique que la même licence fût refusée au prosateur. Quand l'attelage tire à droite, c'est signe qu'Aphrodite Astarté veut ajouter un hoplite à l'armée guerrière des habitants de Tellus ; mais si l'attelage, au moment du travail, a penché sur la gauche, par là Vénus manifeste qu'une femme aux longs cheveux et au col de cygne embellira par la venue de sa beauté nouvelle le séjour des mortels, fils de Zeus. Hue et dia ! tout est là. C'est du moins mon savant du xv⁰ siècle qui l'affirme, et tout dépend du côté vers lequel la déesse de Cythère dirige ses traits.

Si vous voulez avoir mon avis, madame, je n'en

crois rien, non plus qu'à la doctrine plus récente du choix des sexes par l'alimentation.

O divine nature ! Puissiez-vous ne jamais nous divulguer votre secret ! Ce serait le plus vilain tour que vous puissiez nous jouer !

Il est si commode de s'en rapporter sur ce point entièrement au hasard, qui est l'ignorance des causes. Nulle responsabilité, nul souci, nulle hésitation ! Seigneur ! préservez-nous d'avoir jamais à choisir le sexe de nos enfants !

Au moins, dans l'état actuel des choses, cela va tout seul et on n'a à s'occuper de rien. La nature fait son office à part, sans nous consulter, comme si vraiment il ne s'agissait pas de nous. On dirait qu'à son point de vue nous ne sommes pas en cause, et cela est merveilleux !

Je me rappelle une image saisissante de ce puissant esprit qu'était Tourguéneff. Il imaginait qu'il entrait dans une vaste caverne, où était assise une femme aux proportions gigantesques, qui paraissait fort affairée. C'était Dame Nature.

— Que fais-tu? lui demanda le poète.

— Je travaille à donner plus de force aux muscles des pattes de la puce, afin qu'elle puisse mieux sauter et fuir la mort. L'équilibre se trouve rompu entre l'attaque et la défense; je le rétablis.

— Eh ! quoi, Dame Nature, sont-ce donc là tes occupations? Mais nous, les hommes, ne sommes-nous donc pas tes enfants préférés?

— Tous les êtres vivants sont également l'objet de ma sollicitude, et tous, je les extermine également.

Le pire est que c'est absolument cela ! Allez donc raisonner avec une femme comme celle-là, qui nous traite avec un profond mépris, et nous broie d'un

tour de pouce, si elle a besoin d'un peu de matière
vive pour faire autre chose. Ah ! la vilaine et désagréable personne ! Il nous faut pourtant bien vivre
chez elle, puisqu'il n'y a pas d'autre logis pour nous
que l'hôtellerie de Dame Nature.

C'est une patronne maussade, bougonne et dure à
tous. Elle a ses lois à elle, et cela lui est bien égal
qu'elles dérangent ou contredisent les nôtres. Elle
nous laisse bâtir et ériger à grand labeur des monuments somptueux, des villes entières, et elle les res-
pecte autant qu'une jeune chienne jouant sur la plage
épargne les pâtés de sable alignés par les petits babies
Elle se retourne pour prendre quelque chose, et du
bout de son petit doigt elle crève une digue qui
inonde un pays, elle déplace un glacier qui emporte
un village, ou elle secoue une ville dont les murs
en tombant assomment les habitants.

Et c'est à une personne de ce caractère-là que vous
allez demander la permission de choisir le sexe de
votre enfant ?

Mais vous ne l'avez donc jamais vue ? Vous ne lui
avez donc jamais parlé ? Allez-y, je vous le conseille
et vous serez bien reçu !

Je vois d'ici le docteur allemand qui a fait cette
découverte du « sexe au choix », entrant dans la
caverne de Tourguéneff.

— Çà donc, Madame la Nature, nous allons vous
contraindre à nous donner ce qui nous plaît et quand
il nous plaît.

— Tais-toi, puceron, tu me déranges. Je veux
seulement te donner un maternel conseil. Aban-
donne tes inutiles recherches. Elles ne te condui-
ront à rien. Elles ne regardent que moi seule.
L'humanité n'est qu'une infime partie dans un grand

Tout qui t'échappe, et qui est composé de tous les êtres animés ; hommes, femmes, bêtes et fleurs. Ne t'en occupe pas. Tu gagnerais bien gratuitement des méningites. Tu es trop bas et trop petit, tu ne vois rien d'assez haut. C'est moi que regarde le soin d'équilibrer les proportions du nombre des sexes parmi toutes les espèces vivantes et les animaux de ta race, car c'est moi seule qu'intéresse le soin de me perpétuer. Ne te mêle plus de mes affaires et vas en paix. »

D'une pichenette, elle l'écrasa, et on ne vit plus sur la roche qu'une petite tache brune, comme quand on aplatit sur le papier, le soir, un moucheron qui voltigeait autour de la lampe.

Tout est bien comme il est. Qui est celui ou celle qui oserait choisir le sexe d'un enfant à naître ? Pour le faire sans hésiter ni discuter, il faudrait assurément une forte dose de témérité, de légèreté et d'inconscience. Il faudrait ne pas soupçonner la responsabilité épouvantable qu'entraînerait une pareille décision. Combien de fois n'entendez-vous pas la jeune fille dire : « Ah ! si j'étais garçon ! ». Les femmes envient tellement le sort des hommes qu'elles ne cessent de tenter de se substituer à eux, et de leur prendre leur lot, ce qui est la raison d'être du féminisme, doctrine de remplacement. Il y a aussi des hommes qui envient la condition des femmes : personne n'est content de son sort ; et vous iriez imposer ce sort à un être, de par votre caprice et votre bon vouloir ? Si votre choix ne rend pas l'intéressé heureux, de quel anathème et de quelle malédiction ne vous chargera-t-il pas !

Le système des sexes à volonté serait une prime odieuse à l'égoïsme des parents. Mais, mère que vous

êtes, est-ce pour vous ou pour lui que naît le petit
enfant ? Vous dites;

— Je voudrais un garçon !

Rien n'est plus blâmable que cette parole, car elle
part du fond de votre égoïsme ; elle constate qu'il
vous serait agréable d'avoir un enfant de tel sexe,
comme une fillette dirait :

— Je voudrais une poupée qui ait un phonogra-
phe dans le ventre.

Est-ce donc pour cela que les enfants naissent?
Est-ce pour amuser les mères? L'enfant, avant même
de naître et d'être conçu, a sa destinée, et sa personnalité, qui sont respectables et sur lesquelles
vous ne pouvez rien. De ce qu'un bateau a passé
sous un pont, il ne résulte pas que ce bateau soit
la chose du pontonnier. La mère est le tunnel intelligent et attendri,qui va de la Vie à l'Empire innommé
du Possible, comme a dit le poète.

O cauchemar ! Avoir dit : « C'est une fille que je
veux, c'est une fille que j'aurai ! » et voir plus tard
cette fille malheureuse, malingre, féministe, endia-
blée, un vrai garçon manqué, à la vocation dévoyée ;
alors pleurer, gémir, s'arracher les cheveux par
touffes, et se dire :

— C'est moi ! c'est de ma faute ! Il fut une heure
où je pouvais lui choisir un sexe différent et une destinée autre ! Et elle serait heureuse !

Voilà l'écueil. Le sentez-vous, madame ? Aussi, —
car enfin je ne voudrais pas passer pour un rétro-
grade, — j'admettrai le choix sexuel et je l'encoura-
gerai le jour, où on nous apportera en même temps
le moyen de changer à volonté au cours de notre
vie, d'être tantôt mâle, tantôt femelle, ce qui déga-
gerait totalement la responsabilité des familles. Je

ne me permettrais pas d'émettre un vœu si hardi sans les nombreux précédents que l'antiquité nous a transmis et qui corroborent mes espoirs : car personne n'ignore que les dieux permirent à la belle Iphis de Crète de devenir homme, afin de pouvoir épouser la belle Ianthe, comme aussi ils accordèrent même faveur à la touchante Iolas, que Hébé changea en homme.

— Mais c'est de la mythologie !

— Croyez-vous donc que la découverte du docteur « des sexes à volonté » soit autre chose ?

Nos domestiques

— Oh ! ces domestiques !

— Quelle race ! que d'ennuis !

— Que ne peut-on se servir soi-même ! Encore le torchon qui brûle !

— Où sont ces bons vieux domestiques du temps jadis, qui avaient vu naître leur maître, et l'aimaient plus qu'eux-mêmes !

— Tels les vernes antiques, ajoute un vieux savant.

Ce sont là propos d'une banalité courante. La domesticité est le souci grave de Madame, qui change de gens comme de gants.

La question d'ailleurs, ne paraît pas devoir se simplifier par la suite. Il est question, en Amérique, de fonder un syndicat de gens de maisons, qui serviront huit heures de suite, sans plus, s'en iront, et reviendront le lendemain.

Il faudra trois séries de gens par jour pour assurer le service, qui devient un métier et n'est plus un attachement.

Même à la cuisine, le mot de Royer-Collard restera vrai : « Il faut bien que je les suive, puisque je suis leur maître ! » Ah ! la curieuse espèce, qui vit de notre paresse et de notre vanité, au milieu des reproches et du blâme perpétuels, car, on peut le redire, aux qualités que nous exigeons d'eux, peu de maîtres seraient dignes d'être valets. Il s'est fait de tout temps une littérature domestique, et, comme disaient les Grecs, économique, depuis les si belles pages de Xénophon sur la femme d'Ischomaque, jusqu'aux traités plus récents.

Ah ! qu'il était sensé, cet Ischomaque, dont les conseils devraient être affichés dans toutes les cuisines près du compteur à gaz ! Les maîtresses de maison aussi y trouveraient d'utiles avis, notamment celles qui abusent des poudres et des cold-cream, par ignorance apparemment du dialogue d'Ischomaque et de sa femme, qui répond si ingénûment à son mari : « Non, je n'aimerais pas toucher du vermillon au lieu de toi-même. »

Les laquais de notre pays, dans l'ancien temps, ont fourni de types et de traits toute la littérature dramatique ou romanesque. Ainsi pour le xviiie siècle, il y a à lire. Des mœurs de la domesticité de ce temps-là, il est un joli livre qui nous en édifie pleinement, et c'est le *Gil Blas de Santillane*, de Lesage, qui est *l'Iliade* du plumeau.

De même au xviie siècle, pour les valets qui vécurent sous le grand roi. Ouvrez par exemple : « *La Maison Réglée et l'art de diriger la maison d'un grand seigneur et autres, tant à la ville qu'à la campagne, avec la véritable méthode de faire toutes sortes d'essences, d'eaux et de liqueurs fortes et rafraîchissantes, à la mode d'Italie, ouvrage, utile et nécessaire à toutes personnes de qualité, gentilshommes de province, étrangers, bourgeois, limonadiers et autres marchands de liqueurs, dédié à Mgr Phelipeaux*, 1692 ou : *Les devoirs des maîtres et des domestiques*, (1688), ou : « *Les amours intrigues, et cabales des domestiques des grandes maisons de ce temps, œuvre fort plaisante et agréable pour réjouir les esprits mélancoliques »*; ou : *« Le Parfait Intendant, où il est traité pourquoi c'est que la plus grande partie de la noblesse s'appauvrit, 1650 »*; ou : *« la Maltote des Cuisinières ou la manière de bien ferrer la mule, dialogue entre une vieille cuisinière et une servante »*, saynète à rapprocher de celle du sieur Berthod: *La Servante qui ferre la mule*, dans son *Paris Burlesque*, où l'on voit que les choses les plus anciennes sont les plus durables. Cette servante est chez l'écrivain public ; elle lui fait écrire son compte au retour du marché, avant de rentrer chez sa dame, afin de n'être point prise sans vert. L'écrivain lui dit :

Dépêchez, dites vitement,
Car j'écris fort subtilement.
Premièrement pour des saucisses,
Pour des pois et des écrevisses,
Vous mettez cinquante-six sous ·
A cela, que me dites-vous ?

LA SERVANTE

Que je dis ? Faut mettre soixante.

L'ÉCRIVIAN

Soixante, soit ! Pour de la menthe,
De la marjolaine et du thym,
De la lavande et du plantain,
Du mouron, de la sariette,
Tant soit peu d'épine-vinotte,
Aussi pour trois petits paniers ;
Il y a vingt sols six deniers.

LA SERVANTE

> Otez les, mettez-en quarante,
> Celui joint avec les soixante
> Feront tout justement cinq francs.

Ce bout de scène — qui est la scène d'Argan au rebours — dit assez ce qu'il faut entendre par ferrer la mule. Nous disons aujourd'hui ; faire danser l'anse du panier. C'est le propre des principes éternels de demeurer immuables au fond, sous la mobilité vaine des étiquettes et des apparences ?

Cet art de ferrer la mule remonte haut.

Dans les traités d'économie domestique, sous Louis XIV, on en parle. Il y a là une vieille cuisinière qui est bien moderne. Elle a des tours plein son sac, et, comme elle en connaît plus d'un, son entretien avec une jeune novice de la partie est tout à fait édifiant :

> Une maîtresse a beau donner dans la lésine,
> On peut, avec profit, gouverner la cuisine.

On connaissait le sou du franc, qui n'est pas une invention moderne :

> Sur chaque fourniture il vous revient un droit.

Il y avait même un droit en plus quand la cuisinière portait le panier elle-même :

> De porter le panier ne soyez pas honteuse,
> Et faites-vous payer *le droit de la porteuse.*

Puis viennent les recettes diverses pour s'enrichir. D'abord des gémissements et des cris : «Je perds de mon argent ! J'y suis de ma poche ! Il faut qu'en calculant madame se mécompte !» Le laquais chargé d'écrire la dépense finira par compatir et aura «d'un zéro fait un huit ».

Autres avis : Récriez-vous toujours sur la grande cherté :

> Et posant le panier, d'un dépit furieux :
> « Que j'en veux, direz-vous, à ces sales poissardes !
> Elles m'ont fait dix sols une botte de cardes !
> En vérité, madame, on n'y saurait tenir.

Un bon moyen de jouer la probité intègre et scrupuleuse, est de donner à ces comptes plus de vraisemblance par plus de complexité; car tout est prévu :

> Mettez deux sols trois liards, quatre sols trois deniers,
> Et vos comptes, par là, seront crus réguliers.

Autre conseil qui ne paraît pas être tombé dans l'oreille d'un sourd, à voir le train dont les choses continuent d'aller :

> Et souvent, ce qu'on n'a déboursé qu'une fois,
> On peut, quand on l'entend, le faire écrire trois.

Il est aussi marqué là et recommandé qu'il y a plus gros à faire pour la cuisinière quand la dame a du monde à dîner, « ce sont jours de désordre et de trouble ».

Au demeurant, d'anciens abus ont disparu. La Révolution a sur ce point servi le patronat, ce qui est assez imprévu. L'usage était que les cendres de tous les feux de la maison appartinssent à la cuisinière, qui brûlait force bois pour en avoir plus à vendre, car « on trouve à la bien vendre ». Les graisses aussi lui appartenaient et étaient revendues, aussi faisait-elle cuire le plus souvent longes et aloyaux, morceaux mieux propres à remplir de graisse toute une lèchefrite.

Elles sont intéressantes, ces brochures de jadis. On y revit la vie d'antan, on pénètre dans les intérieurs riches ou ordinaires, à l'office, aux cuisines, dans les chambres garnies de tapisseries, dans la salle à manger dont les dressoirs supportent la belle argenterie et la porcelaine, alors si rare, que Molière n'en met que chez ses bourgeois cossus.

Les piles de linge qui sent la lavande s'entassent sur les planches bien propres, et les chaises en bois torse bien ciré, s'alignent proprement dans la salle à manger de vieux chêne, à lustre de cuivre.

La cave à liqueurs était agréablement garnie, ainsi que l'armoire aux parfums, drogues et spécifiques à faire soi-même : Eau de la reine de Hongrie, au bain-marie, « le flegme en étant ôté », et la bouteille bien enfouie dans une futaille de bon fumier de cheval ; de la coriandre, du rossolis de frangipane, du Populo, eau de Cette, eau Clairette, Rataphia rouge, eau de Fenouil et Cerfeuil, et autres compotes.

Et le café ? Tant de grands hommes ont aimé le café dont « la bienfaisante liqueur, sans altérer l'esprit vous réchauffe le cœur ! » Ce n'était pas le nôtre, et le moka servi à nos ancêtres ressemble singulièrement au café turc.

Comment il faut préparer le café : « Prendre une livre de café en fèves, le bien éplucher ; faire fricasser sur le feu jusqu'à ce qu'il soit *couleur de fer* ; piler dans un mortier, passer au tamis. Faire bouillir une pinte d'eau, laquelle bouillant, vous la retirez du feu et y mettez du café, un demi-quarteron pour pinte et une once pour chopine ; lequel vous mêlerez bien avec l'eau, puis remettrez la cafetière auprès du feu, le ferez bouillir, et lorsqu'il voudra monter, l'en empêcher en le retirant un peu du feu, qu'il bouille doucement dix ou douze bouillons. Ayant ainsi bouilli, vous y mettrez un verre d'eau pour faire tomber le marc au fond ; laissez reposer, tirez au clair et servez. »

Voilà le café que buvait et qui inspirait Voltaire.

Le domestique était comiquement nombreux. Autour du roi, il était légion. Autour du seigneur, il pullulait. Mais ne parlons que de la dame de qualité ; voici les officiers nécessaires à sa maison :

L'écuyer pour la direction de l'équipage et gens de livrée : 300 livres.

La demoiselle suivante qui accompagne la dame à la messe et aux visites : 200 francs.

La femme de chambre, pour peigner, coiffer, habiller, ajuster la dame : 100 livres. Elle doit aussi savoir coudre, déchausser, nouer un ruban, donner un remède, faire un bain de pieds, faire des pâtes pour décrasser les mains de madame.

Le valet de chambre, qui doit être en même temps tailleur pour dames et tapissier. Il balaye la chambre et empêche qu'on entre pendant que madame se déshabille : 200 livres.

Pour la table : maître d'hôtel à 500 livres, avec un

officier d'office à 250 livres, un cuisinier de 200 francs, une servante de cuisine à 60 livres.

Pour l'écurie : un cocher à 100 francs ; un postillon à 20 écus, un garçon de cocher au même prix.

Ajoutez des laquais à 100 francs, la gouvernante d'enfants à 100 livres ; la nourrice, 500 francs par an ; précepteur, 300 livres ; le valet de chambre des enfants, 150 livres et la servante de la nourrice à 15 écus. Voilà le personnel qui entourait Madame exclusivement, car sa maison était indépendante de celle de Monsieur.

Veut-on savoir ce qui se passe dans des maisons « de moindre conséquence » ? La maison d'un hobereau de province peut ne compter que sept bouches ; avec 6 livres 16 sous par jour, tout le monde mange, le maître compris. Il faut ajouter un écu par jour pour le logement et les meubles, sans compter deux chevaux et un carrosse.

Si l'on veut se mettre en pension et ne s'occuper de rien, avoir valet de chambre, deux laquais, un carrosse de remise, on peut vivre sur ce pied, par an, à raison de 4,879 livres. C'est pour rien !

Entrons dans une maison modeste. Voici la servante de bourgeois, dont on nous explane les commandements :

Une bonne servante, pour savoir bien servir son maître et sa maîtresse, doi' se connaître en viande, savoir bien acheter, faire bien la cuisine suivant les gens qu'elle sert, mettre son pot au feu, être prompte et diligente en tout ce qu'elle fait, aller promptement et revenir de même, ne s'amuser ni caqueter, ne dire ce qui se passe à la maison comme font la plupart ; quand on les envoie acheter quelque chose, la plupart des gens leur demandent :

— Ah ! ah ! ma fille. Vous êtes donc à présent chez Mᵐᵉ Une Telle !

— Oui, madame.

— Y a-t-il longtemps que vous y êtes ?

— Non, madame !

— Vraiment, ils en changent souvent ! Quels gens sont-ce donc ? Que font-ils ? Comment vivent-ils ? Ils sont bien difficiles puisqu'ils changent si souvent ?

Pendant que le marchand l'amuse ainsi, il lui donne la plus méchante viande, la chandelle la plus coulante. La servante, en rentrant, prend les devants et se plaint :

— Diantre soit des gens, on est toujours quatre heures avant d'en avoir ce qu'on demande !

Si on leur dit quelque chose, elles crient plus haut que vous, vous mettent le marché à la main et veulent s'en aller.

Et tout cela n'est point si ancien.

Les servantes de ce temps-là avaient encore l'habitude ou de rudoyer ou de corrompre par des délicatesses de bouche les enfants, pour que ceux-ci fussent détournés de dire qu'ils voyaient souvent les amoureux des coquines, qui sous le nom de parents ou cousins, sont là quand les maîtres sont dehors ; souvent aussi elles vont les trouver sous prétexte d'une payse arrivée à Paris. C'étaient déjà les mœurs d'alors. Alors, aussi, il y avait des bureaux de placement, qui coûtaient cher et renseignaient au petit bonheur. Rien n'a changé.

Voyez-vous, madame, ce coup d'œil jeté sur les maîtresses et servantes du temps passé est réconfortant et vous fera prendre votre mal en patience. On a aujourd'hui beaucoup moins de gens qu'au-

trefois ; il y a progrès et il faut bien augurer de
l'avenir, grâce à la science mécanique, qui parvien-
dra n'en doutez pas, à servir chacun avec ponctua-
lité et désintéressement, et en ce temps-là, madame,
vous n'aurez plus d'autres serviteurs que ceux qui,
comme moi, mettront leurs hommages à vos pieds
sans réclamer de gages.

De l'usage où sont quelques dames de Paris de se faire des visites

Le très ingénieux Joseph Prudhomme, madame, disait à son fils, non sans quelque vraisemblance de raison :

— « Mon fils, l'usage des repas remonte à la plus haute antiquité. »

Il est vrai que l'on a mangé d'assez bonne heure, bien avant d'avoir des vêtements, des fusils et des automobiles. On mangeait même davantage, autrefois. L'appétit est en raison inverse de la civilisation des peuples, tenez-le pour assuré.

Mais M. Prudhomme voulait parler à son fils du besoin de nourriture et du secret de le satisfaire en mangeant.

Il ne visait pas, tout porte à le croire, ce que nous appelons : les repas en commun ou dîners.

L'origine des dîners semble avoir été fixée assez précisément par Bernardin de Saint-Pierre, dans son admirable traité des *Harmonies de la Nature.*

Il le fait remonter au jour où la première citrouille devint mûre. Et il s'en explique sans ambages :

— « Citrouille ! fruit précieux qui fit naître dans le cœur de l'humanité encore jeune l'instinct de sociabilité. »

Cette assertion, si on la soumet à la moindre

réflexion, prend aussitôt une singulière évidence. La citrouille est en effet un fruit volumineux. Il est trop gros pour qu'un individu puisse le manger, en un repas, à lui seul. Il est également de proportions trop vastes pour être mangé en famille. Il faut inviter les voisins et les appeler à la rescousse. Ainsi naquirent les dîners, et, avant eux, les premières visites.

L'usage des visites était inconnu dans la civilisation primitive, ou tout au moins il était différent de ce qu'il est aujourd'hui.

On ne rendait généralement visite à son voisin que pour lui voler sa femme, ses bœufs ou ses armes. C'était ce que nous appelons aujourd'hui des visites intéressées.

L'histoire des visites mondaines serait un curieux chapitre de nos annales : visites des dames gauloises, vêtues de peaux et rongeant un os en parlant des événements récents : l'auroch abattu par Clodomir ou l'enlèvement de la druidesse ; visite des dames moyenâgeuses, en hennin pointu, traversant la ville aux ruelles étroites et boueuses, pour s'entretenir, devant l'âtre et les boiseries sculptées, de la dernière croisade, ou des exploits des Armagnacs, ou des galanteries de Barberousse; visites des « Précieuses » faisant les renchéries dans la fameuse chambre bleue d'Arthénice ; visites des petites dames poudrées Louis XV, des tricoteuses enrouées de la Révolution, des rêveuses nonchalantes de la Restauration.

Jadis, on venait se voir quand on avait quelque chose à se dire, ou simplement quand on éprouvait le besoin de se retrouver un instant ensemble.

Nous avons changé cela aujourd'hui. Les visites sont ce qu'on appelle un devoir mondain, et, plus simplement, une corvée.

Mais la gloire, c'est d'avoir beaucoup de visites à faire, de ne pouvoir arriver à les faire toutes et de prouver que l'on se dépêche. Adieu, les bonnes et intimes causeries d'autrefois au coin du feu, entre gens qui avaient du plaisir à se trouver ensemble ! Il s'agit bien de cela ! Il s'agit de connaître ou de sembler connaître beaucoup de noms et de portes, et d'occuper fébrilement ses après-midi à courir Paris.

La complication est qu'il faut bien songer aussi à rester quelques heures chez soi, pour recevoir à son tour les dames que l'on a visitées. Mais quel temps perdu, ce repos forcé *at home !* Il faut le diminuer, le rationner, combiner, calculer, mesurer ; c'est une comptabilité, et, si vous voulez vous réjouir, parcourez le carnet de visites des Parisiennes : il n'y a pas de casse-tête japonais qui approche de cette complexité, par le jeu varié et ingénieux de toutes les dispositions possibles :

Madame X.—Les premiers lundis, deuxièmes mardis, troisièmes mercredis et quatrièmes samedis.

Madame Y. — Les jours pairs.

Madame Z.— Les 10, 20, 30.

Madame O. — Les dimanches, sauf ceux qui coïncident avec la nouvelle lune.

Madame P.—Tous les jours du mois dont le quantième est multiple de 3.

Madame V. — Les jours dont les initiales forment l'anagramme de mon nom.

Madame F. — Les jours qui ont baptisé des rues de Paris ; comme le 4 Septembre ou le 29 Juillet.

Voilà bien des façons pour se rencontrer. Et pour quoi se dire, par Apollon?

Ce qu'on est convenu d'appeler les sujets de conversation constitue un tout petit manuel banal et léger, qui comporte un nombre restreint de chapitres, parce que les visites sont courtes, et l'on n'a pas le temps de se lancer. Il ne faut qu'effleurer quelques banalités, toujours les mêmes :

Voyages et villégiatures. — Où avez-vous passé l'été ?

Motif riche et commode, qui permet d'utiliser les réminiscences de géographie et les souvenirs pittoresques.

Les livres. — Peu de chose à lire ! C'est à cause des livres d'étrennes, qui ont pris toute la place. Mais patience, les romans vont revenir. On peut discuter le problème du krach de la librairie.

Le théâtre. — Le thème le plus riche et le plus généralement adopté. Permet à tout le monde de se mêler à la conversation et de donner son avis.

Les courses. — *Le Grand Prix.* — Sujet aisé et accessible à la plupart. Mais je ne veux point en parler, dans la conviction où je suis qu'il n'est pas de plus grand prix que celui de vos attraits. Saluez, madame, le compliment est joli.

Saluer ! Ce n'est pas une petite affaire, quand on y réfléchit, et il faut y réfléchir puisque nous parlons de visites.

A la juger de haut et en largeur, c'est une grosse question qui a plus d'une fois préoccupé la science ; il y a des volumes sur ce point spécial, et cela se traite avec le même sérieux que les dangers explosifs de l'acétylène ou l'avenir de l'Odéon.

Distinguez, je vous prie, madame ; distinguez tout d'abord les « salutations avec contact », et les « salutations sans contact », sous peine de manquer de méthode, d'ordre et, par conséquent, de pénétration.

Et que de subdivisions ! car dans les salutations avec contact, force vous sera bien de distinguer, selon que la salutation intéresse le toucher, le goût ou l'odorat. Et voilà qui s'appelle traiter scientifiquement un sujet sérieux.

L'ethnographie nous apprend qu'on se salue beaucoup par le monde, en mettant en jeu le sens du toucher, au moyen de « caresse, frottement, tapotement sur la tête, la poitrine, le ventre ». Les auteurs s'accordent à faire rentrer « le lécher » dans la même catégorie. La statistique la plus rigoureuse a démontré que dans les saluts du monde entier la surface abdominale est le plus souvent en cause. Les Polynésiens, quand ils se rencontrent, se frottent mutuellement le ventre pour se dire bonjour. La signification de ce mode de salutation est tellement limpide qu'elle ne saurait vous échapper. Elle procède du souci qu'a chacun des partenaires de favoriser et de faciliter la digestion de son ami par une friction bienveillante.

Cette sollicitude nous étonne et nous scandalise par un pur effet de notre égoïsme, qui se moque de la digestion de notre voisin comme de Jean de Vair. Tout est bien en sortant des mains de la nature ; le sauvage veille fraternellement sur l'appareil gastrique de son semblable. Il s'en désintéresse par le progrès de l'instruction. J.-J. Rousseau a négligé ou méconnu cet argument.

Les Esquimaux sont déjà très avancés ; ils ont le salut tout personnel, et c'est leur propre digestion qu'ils soignent, car c'est sur leur propre ventre qu'ils frottent pour saluer. Ce sont des mufles.

Chez les Gonds, on salue un ami en lui tirant l'oreille. La longueur du lobe des oreilles devient ainsi l'indice d'un grand nombre de relations, et fait office de carnet d'adresses : on peut dire qu'ils portent le leur en pendeloque à l'oreille. Les Coréens se saluent par le soufflet réciproque, puis ils déjeunent ensemble. C'est comme chez nous, mais nous y ajoutons, bien inutilement, la petite cérémonie d'un duel public.

La poignée de mains nous est commune avec les gens du Niam-Niam et les Yankees. Elle doit être vigoureuse pour être éloquente, et broyer les os ; sinon, elle constate une tiédeur d'affection qui chagrine l'ami.

Le Chinois se serre ses deux mains à lui-même en disant : « Chin- Chin ! » C'est un défiant et un égoïste, qui ne prête rien, pas même sa main.

Le salut le plus ancien, dans sa forme primitive, un peu tombé en désuétude, est le salut par l'odorat. La preuve de son ancienneté est dans l'usage que continuent à en faire les animaux. Tous les hommes ne l'ont pas oublié. Dans le Siam, le chef renifle l'hôte inconnu avant de l'inviter, car il ne veut pas d'hôte qui sente mauvais. Gracieuse et antique coutume ! Plus d'un maître de maison la regrettera les soirs de réception, devant le défilé des jolies femmes, car le Siamois ayant reniflé, frotte son nez sur le nez de l'ami.

Le salut nasal est encore fort répandu, à ce point que la plupart des nègres ont le nez camus.

Au total, le salut est un simulacre, un symbole de caresse écourtée, esquissée, réduite à sa plus simple expression, à quelques indications seulement. La civilisation est par soi-même symbolique. Elle abrège, elle supprime. Le vrai salut, on le rencontre chez les sauvages, ou bien chez les civilisés aux heures où ils retournent à l'état sauvage.

Mais pour votre salon, ne vous préoccupez pas de ces coutumes oubliées. La révérence et le baisemain suffisent, en attendant mieux.

Il faut aussi songer à composer son « jour », avoir quelques amies intimes qui n'ont pas grande occupation, et qui sont enchantées de venir faire tapisserie et faire nombre ; ne pas admettre la présence des mères du ménage ; il faut rester entre soi ; convoquer des amies comme figurantes, au tarif d'une tasse de thé ; tâcher d'avoir des messieurs, cela donne l'air d'une femme à succès ; choisir ses visiteurs, car le monde est trompeur, et il y a des gaffeurs, des imbéciles, des plaisants grossiers. Prenez ce qu'il y a de mieux.

Évitez, comme la peste, les silences, ces instants terribles où il semble qu'il passe un ange ou une âme, tant chacun met de silencieux recueillement à saluer ce mystérieux hôte. Car plus le silence dure, plus il devient tyrannique et impérieux. On ne peut plus le rompre. Chacun pense à part soi :

« Tiens ! un silence ! qui est-ce qui va dire quelque chose ? Ce n'est toujours pas moi, cela m'est bien égal et ne me regarde pas. Cela devient amusant. Il n'y en a pas une qui trouvera. On se croirait à la messe. De quoi va-t-on parler pour sortir de là ? Voilà la maîtresse de céans qui devient cramoisie et qui s'agite, s'agite. Non, pas moyen ! On ne démarrera pas. On est ancré. Ce que je m'amuse. Ah ! c'est Mᵐᵉ de Malpigneuse qui se dévoue. Je vois qu'elle a enfin quelque chose à dire. »

Et le silence prend fin sur quelque réflexion profonde et neuve, dans le genre de celle-ci :

— Il ne fait pas trop froid aujourd'hui.

— Il a fait si froid hier !

— On dit que le mois de mars sera très froid.

— Comment est madame votre mère ?

La santé et la température ont toujours été la bouée de sauvetage des conversations en détresse, Célimène, celle *du Misanthrope*, qui était une brillante maîtresse de salon, l'attestait quand elle parle de son amie Bélise, fort peu bavarde :

> Il faut suer sans cesse à chercher que lui dire.
> Le beau temps et la pluie, et le froid et le chaud
> Sont des fonds qu'avec elle on épuise bientôt.

Je sais, du reste, madame, que pareils mécomptes n'arrivent jamais avec vous, dont on vante partout l'esprit et le charme du langage. Si l'on était tenté de médire des visites, il suffirait de vous en faire une, pour être convaincu qu'on avait tort.

Canne et Parapluie

Regardez-les, madame : dans l'antichambre, dis-crets et modestes, reposent côte à côte les deux té-moins les plus intimes, les deux confidents les plus favorisés du ménage, la canne et le parapluie.

Ils causent le soir, et les paletots voisins, dont les poches bâillaient d'ennui, s'intéressent.

Le parapluie. — Il a encore été chez sa veuve ?

La canne. — Oui. Et elle ? Chez son sculpteur ?

La canne a ses fiertés :

— Nous avons eu de l'esprit, aujourd'hui. Trois mots drôles, beaucoup d'effet.

Le parapluie rage :

— Comment le sais-tu? On entendait du vestibule?

La canne. — Non, je suis entrée au salon.

Le parapluie, *amer*. — C'est bien cela ! On te tolère toi, fluette ! et moi, soie et étoffe, jamais ! Je fais antichambre.

La canne. — Oh ! je ne fais pas toujours salon ; dans les maisons sérieuses, je reste avec le valet de chambre.

Le parapluie. — Aujourd'hui, j'ai pénétré dans la chambre du sculpteur. Il fume la pipe, figure-toi :

Ce soir ma robe encor en est toute embaumée ;
Respires-en sur moi l'odorant souvenir !

La canne. — C'est une infection. Je plains ta dame.

Le parapluie. — Voilà madame. Je sors, au revoir.

La canne demeura seule et songea.

A quoi? A son passé glorieux. La canne est une aïeule. Elle est contemporaine de l'humanité. Davantage même. Il y eut des branches avant qu'il y eut des hommes.

Il y a autant de points de vue en histoire qu'aux Buttes Chaumont.

Le premier académicien venu vous fera l'histoire du monde par les médailles, par les poètes, par les palimpsestes, par les pièces de théâtre, par la forme des chaussures. Tout peut servir de centre à des études fortes et documentées. Tout, même la canne.

La Canne a travers les ages. Sujet de ballet.

Première partie. — Jupiter Néphélagorcute se lève de son trône sourcilleux; sa canne est semblable à un bâton deux fois brisé, ou à un accordéon vu de profil. Ne riez pas. Quand il la brandit, la terre et les cieux s'ébranlent, la mer mugit, l'éclair brille, et la femme du pauvre pêcheur s'agenouille et prie au fond de sa cabane. Ballet de matelots.

II. — Les plaines vertes de Thessalie, ombragées par les arbres roses de Judée. Le pâtre Cacus joue l'air du berger de *Mireille* en gardant ses troupeaux. Entre Hercule, vêtu de lion, appuyé sur une canne qui est un sapin, avec laquelle il assomme le pâtre. Ballet des bergères.

III. — Un chemin sec, aride, blanc et poudreux de l'Attique, près d'un bois sacré. Œdipe, aveugle depuis *Œdipe Roi*, arrive appuyé sur l'épaule de sa fille Antigone, et dit :

— C'est là ! Je reconnais le bourg de Colone où je dois mourir.

Et se tournant vers la jeune fille :

— O toi, bâton de ma vieillesse, soutien de ma cécité, canne vivante pour mes pas tremblants.

Ballet des soutiens de familles.

IV. — Un coin de forum romain. A droite, le temple rond de Vesta ; à gauche, la Basilique Julia, surplombée par les hauteurs du Palatin ; le Capitole esquisse à l'horizon sa double cime.

Devant un autel en forme de trépied, un augure, entouré par une foule muette et respectueuse, dessine, de son grand bâton recourbé, un cercle dans le ciel, et il attend qu'une colombe passe dans cet espace figuré. Du grenier du temple où il est caché, un augure compère opère un lâcher de pigeons. « Victoire ! Gloire à Mars vainqueur ! » clame la tourbe. Quand elle s'est dispersée, les deux augures se retrouvent seuls, se regardent, rient selon l'usage, et font avec leurs cannes augurales les exercices d'assouplissement recommandés par tous les traités de canne et de boxe.

La canne au moyen age. — Il n'y en a pas. Les seigneurs s'appuient sur leurs épées. Elles sont assez grandes pour s'y accrocher à deux mains. La canne devient symbole. Il n'y en a qu'une par pays : c'est le sceptre du roi, avec, au bout, une main fermée et un doigt ouvert. Ballet de Vidercomes.

Immédiatement suivent les danses anciennes, avec les grandes dames poudrées, appuyées sur les hautes et fines cannes Louis XV. Puis viennent les muscadins armés de leurs cannes torsades, épais gourdins destinés aux rixes et batailles contre les faquins.

Des tableaux richement costumés, agréablement

mis en scène et savamment réglés, font assister aux évolutions de tous les personnages qui ont peu ou prou fait usage de cet accessoire du costume : Robert Macaire et sa canne en bois de gaïac ; les « lions » du boulevard de Gand se jouant de leur badine lé-gère ; le sportsman qui tient par le milieu sa canne d'entraînement, dont la pomme pèse 8 kilos.

Les rondeaux traditionnels ? Voici une petite mi-gnonnette rosée, futée, costumée en Musette de Mur-ger, et elle chante avec un filet de voix :

> Je suis la petite baguette
> Que les amants cueillent sous la coudrette
> Au frêle noisetier,
> Quand ils vont de leurs quenottes
> Déguster les matelotes
> Avec un demi-setier.

Elle doit sortir de scène en disant :
— Non ! C'est trop bête ! Je m'en vais !

Arrive une petite femme court vêtue, toujours, mais comme elle porte un bonnet de fourrure et un corsage de peau de mouton, on devine, malgré ses bras et ses jambes, qu'elle arrive des montagnes nei-geuses et des glaciers. Elle chante, en tapant de sa lourde canne :

> C'est moi qui sur le roc
> Fais toc, toc, toc, toc, toc,
> Car je suis l'alpenstock !

Aussitôt après son départ, on voit s'avancer une charmante créature habillée en Amour ; elle a les yeux bandés ; un bâton guide ses pas, et, beaucoup plus encore, un caniche qu'elle tient en laisse. Elle module :

> Bâton d'aveug', je n'suis pas riche ;
> Mon bois est poli comme un œuf ;
> J'suis l'compagnon d'l'aveug' et d'son caniche
> Au coin du Pont-Neuf.

Une autre petite femme, dont l'élégant et suggestif déshabillé évoque, de loin, et comme en rêve, l'idée d'un mendiant des grandes routes, apparaît et susurre :

> J'suis l'bâton du chemineau,
>   Cheminette
> J'suis l'bâton du chemineau.

> Sur la grand'route ensoleillée,
> Sous les bois dégarnis, l'hiver,
> Dans les champs ou sous la feuillée,
> Sous les ponts du chemin de fer,

> J'suis l'bâton du chemineau,
>   Cheminette,
> J'suis l'bâton du chemineau.

> Je vais comme l'Israélite
> Errant qu'Eugèn'Sue a chanté ;
> Je march'sans craindre de phlébite.
> J'suis l'vieux marcheur d'la Liberté

L'apothéose finale a été placée par l'imagination créatrice de l'auteur dans ce qu'il appelle pompeusement *le Royaume des Cannes*. Plus modestement et plus véritablement, c'est la salle de la Préfecture de Police où sont rangées les cannes trouvées, perdues dans les omnibus, fiacres, théâtres, antichambres officielles, restaurants et autres lieux. Il y en a de toutes espèces, à pomme, à crosse, en or, argent, cuivre, zinc, bois sculpté, porcelaine, onyx, agate, verre, celluloïd, aluminium ; chaque caractère particulier est perspicacement rendu par le costume. Tous ces sujets exécutent un ballet savant ; la figuration a été confiée à des gars minces et raides, au col haut et empesé, qui représentent, dit le livret, des enfants de John Bull ayant avalé leur canne.

Que ce lyrique et chorégraphique hommage à la canne, madame, ne vous fasse pas trop dédaigner son frère le parapluie.

Le parapluie, c'est l'ami fidèle, l'inséparable, le Pylade de son propriétaire ; c'est un charmant garçon, toujours content, toujours prêt aux mauvaises heures, recevant toutes les ondées sur le dos sans gémir et sans en conserver ni rancune, ni souvenir, car tout cela glisse sur sa carène rebondie et il n'y paraît plus. Quel philosophe que cet être modeste ! Quelle grande leçon devrait nous donner son commerce ! *Nil admirari* ! Ne s'étonner de rien ! Pleuvez, cieux ! Crevez, nuages ! Ruisselez, trottoirs ! Le bon et fidèle parapluie attrape tout, reçoit tout pour vous ; pour vous, il souffre et se mouille ; pour vous, il étale ses ailes protectrices ; il est le Messie des piétons, le Christ des gens mouillés ; et il est toujours paré au sacrifice, autant qu'il est prêt à se sécher et à reprendre humblement sa petite place dans son étroit fourreau. Parapluie admirable ! C'est un martyr, madame ! comme tous les déshérités, comme tous les êtres bons et dévoués.

Oui, un martyr. Car si vous savez quelque chose de plus ridicule qu'un parapluie, je vous serais obligé de me le dire.

Il n'y a pas de terme assez dégradant ni assez burlesque pour le désigner, ce pauvre méconnu. On l'abreuve d'amertume ; les injures pleuvent sur son ombelle rebondie, comme de la grêle :

— Pépin !

— Robinson !

— Riflart !

Et lui, le doux et bon camarade, accepte avec résignation tant d'amertume, soit qu'il demeure plissé, ratatiné, replié, comprimé sous la jarretelle élastique qui le colle à son manche, soit qu'ouvrant sa voilure, il déploie triomphalement sa mouvante coupole au-dessus des crânes hydrofuges.

Il fut ainsi dès sa naissance, qui n'est point si vieille, car je ne range pas avec nos parapluies l'antique parasol en papier des Chinois.

J'ouvre mon vieux Richelet de 1706, et voici comment il s'exprime :

« Parapluie, S. M. Quelques dames commencent à dire ce mot, mais il n'est pas établi, et tout au plus on ne le peut dire qu'en riant. »

Voilà l'acte de baptême du parapluie; il a pesé sur toute son existence, car aujourd'hui il n'est rien de si ridicule que cet engin anhydre.

Le pourquoi de ce ridicule? Ah ! madame. le cherchez-vous? Et où le trouveriez-vous ailleurs que dans la mauvaise et malicieuse constitution de notre nature morale, pétrie d'injustice et de vanité.

Car c'est la vanité, madame, la vanité seule qui a jeté sur le parapluie le fâcheux discrédit dans lequel il gémit cejourd'hui.

O homme ! tu prends ton parapluie et tu en es quasiment honteux, car il te semble que cet accessoire crie devant toi :

— Voyez donc, les autres ! Il a un parapluie ! Cela n'a donc pas son équipage? Cela a peur de détériorer son chapeau ! Quelle prudence, quelle mesquinerie, quelle économie ! La belle affaire pour

une jaquette perdue ! On prend un fiacre, au moins !
Est-il assez regardant ! Quel pauvre hère !

C'est cet aveu de misère, d'économie ladre, de calcul chiche que le parapluie promène comme une
bannière tendue au-dessus de son seigneur et maître.

De fait, il n'est rien de plus bouffon que d'avoir un
parapluie quand il ne pleut pas, car on pense :

— Un parapluie par ce temps? Quel trac ! quelle
prévoyance ! quelle sagesse ! C'est voir les choses de
loin ! En voilà un qu'on ne prendra pas sans vert.
Faut-il être assez occupé de soi pour avoir tant peur
d'une goutte d'eau ! Il ne doit pas faire vivre son
tailleur ! C'est un vilain et un fesse-mathieu !

Au total, le parapluie est un aveu de ladrerie.
Voilà pourquoi le ridicule qui s'attache à cet humble
ami de l'homme est l'enfant de notre vanité.

Il y a comme une faiblesse d'avoir peur de la pluie.

Nos ancêtres ne connaissaient pas ce sentiment.
Les chevaliers bardés, casqués, cuirassés, jambés de
fer n'eussent pas fait si belle figure, s'ils eussent
ouvert un parapluie, dont le manche eût frotté l'acier
du gorgerin.

Aujourd'hui encore, un des principaux attraits
qu'exercent les officiers en uniforme sur les jeunes
filles à marier, c'est qu'ils bravent les ondées, à pied
et à cheval; un capitaine qui caracole aux flancs de
son bataillon, quand même il pleut, n'a pas de parapluie. Et cette crânerie est belle.

Le discrédit de cet instrument provient de son
caractère platement démocratique ; car lui aussi il
est un des favoris de la Révolution, et la Déclaration des Droits de l'Homme a fait beaucoup pour
son avenir. Sous l'ancien régime, les dames élégan-
tes roulaient carrosse; elles n'eussent eu que faire

d'un parapluie. C'est la Révolution qui, en déplaçant le point d'équilibre social, a mis la bourgeoisie et le peuple à même d'aborder les élégances, et l'on vit alors des dames, qui ne sont pas des Montmorency, porter des chapeaux à fleurs et à plumes. Comme elles ne sont pas des Montmorency, elles n'ont pas leur carrosse. Elles le remplacent par le parapluie, qui est ainsi, en fin de compte, le protecteur discret des élégances bourgeoises.

Aussi l'essor de l'industrie du parapluie date-t-il de ce siècle seulement, bien qu'il ait fait une apparition victorieuse dès le siècle dernier, ce dont il ne faut pas s'étonner, puisque le xviii° siècle est l'époque de l'ascension lente de la bourgeoisie, jusqu'au mouvement final qui mit l'aristocratie en dessous.

Certes, le parapluie d'il y a cent ans n'avait pas la grâce, la finesse, la légèreté et la modicité de prix qu'il atteint aujourd'hui. On essayerait en vain de le dissimuler, sa carapace était alors de cuir ou de toile cirée, et l'engin pesait trois kilos.

Ah ! madame, comme je vous reconnais bien là. Cela vous fait rire ! Je vous ai toujours dit qu'il y avait un peu de légèreté dans votre esprit. Non, il ne faut pas rire, car le poids et les dimensions du parapluie antique en firent le charme et l'utilité. On ne portait pas soi-même son parapluie. On n'en avait pas. A quoi bon ? Prenons la palette.

Un coin du vieux Paris. La rue est étroite, mal éclairée par le quinquet pendu à la corde qui rejoint les deux murs. Les fenêtres de l'hôtel de la Trémoille, brillantes de clarté, envoient des reflets lumineux sur le pavé qui ruisselle, sur les toits des carrosses qui stationnent, sur les valets et les gagne-deniers qui guettent la sortie. Un jeune homme enroulé dans un grand manteau brun qui laissait apercevoir sa tunique mauve brodée, ses bas blancs et la garde ciselée de son épée garnie de rubans, sortit vivement, et porta la main à son tricorne à plume en sentant la pluie. Aussitôt, un gagne-denier s'avança ; il portait un vaste parapluie de cuir, une lanterne numérotée et une planche sous son bras. Le jeune homme continua, ayant fait un signe d'assentiment, et le loueur de parapluies publics, ayant prononcé distinctement son numéro, marcha à côté du jeune seigneur, — qui avait ce soir-là oublié sa voiture, — et l'abrita commodément. A tous les ruisseaux, il posait sur deux pierres la planche qu'il portait sous son bras, et le jeune homme passait à sec les endroits les plus scabreux. Arrivé à la porte d'une petite maison discrète, proche la tour de Nesle, où habitait la jolie Catherine, il jeta quelque menue monnaie dans la main tendue du pauvre homme, et s'engouffra dans le corridor ouvert pour... etc.

Voilà comment on se servait du parapluie jadis. Il y avait de ces loueurs partout ; c'était un service public, organisé par M. de Sartine, lieutenant général de police. Excellente idée ! Que d'avantages ! On n'avait jamais à gémir si on avait oublié son parapluie, et on ne risquait pas non plus de le perdre. Car c'est encore une des plus ordinaires destinées du parapluie, d'être égaré, oublié, perdu, laissé mélancolique et morne dans quelque coin d'antichambre ou de tramway par son ingrat possesseur.

Il y a des exceptions. Je connais un grand seigneur fort riche, qui pourrait sans s'incommoder acheter trois parapluies neufs tous les jours. Il a un parapluie vieux, laid, toujours le même ; et il ne le perd pas. Et s'il le perdait, il aurait toutes les chances de le retrouver. Car savez-vous ce qu'il a fait ? Il a eu une idée géniale. Il n'y a que les gros richards pour être avares de leur propriété. Il a dit qu'on gravât au feu, tout le long du manche, les mots suivants :

— Ce parapluie a été volé à M. le comte de X... (son nom).

De cette façon, il n'y a qu'entre ses propres mains que son parapluie cesse d'être compromettant.

Nos pères, tout grossiers, jugeaient plus simple d'avoir des imperméables, combien plus commodes ! L'usage du parapluie pour les hommes est l'une des multiples formes de la tyrannie du chapeau haut de forme, qui n'admet pas le capuchon, l'ancien Balandras que porte le voyageur de Lafontaine dans sa fable *Phébus et Borée*. Et ce n'est pas qu'ils manquassent d'idée ni d'invention, car nous n'avons rien fait à quoi ils n'eussent déjà songé, même le parapluie dissimulé dans une canne, qui se faisait déjà en 1759 : en poussant le ressort de l'étui-canne, on faisait sortir ou rentrer le toit de taffetas pliant. Le prospectus disait élégamment :

« Ainsi, l'instrument qui auparavant servait de point d'appui pour soulager la marche du voyageur, est changé tout à coup en un autre pour le mettre à couvert de l'incommodité de la pluie. »

Certes, cela est bien dit. Mais, plus que le parapluie-canne, il faut les regretter, les humbles loueurs de parapluies du temps passé !

Rappelez-vous, madame, combien de fois il vous arriva d'être surprise par la pluie à cinq ou six minutes de chez vous, ou de la maison où vous vous rendiez. Souvenez-vous de votre embarras ! Fréter un fiacre ? Le cocher aurait ri ! Vous eussiez volontiers acheté quelque vieux parapluie, s'il s'en fût trouvé d'occasion à votre portée. Quel soulagement eût été le vôtre, si la mode des loueurs de parapluies publics eût vécu, et comme vous eussiez volontiers rémunéré le manant qui vous eût escortée avec son ustensile jusqu'à destination ! Mais toutes les bonnes idées s'en vont. Le parapluie lui-même mourra, comme toute chose. Peut-être le jour viendra où les grandes villes seront recouvertes à une haute distance par des toits de cristal.

Et ce jour-là, sur la tombe du parapluie défunt, on verra venir pleurer la grande ombre de Louis-Philippe.

O poésie du parapluie ! Qui chantera la chanson du parapluitier courbant la silésienne sur les arcades des baleines :

Parapluie, tu seras la tente pittoresque qui abrite le peintre paysagiste ; les vaches curieuses s'approchent en ruminant et regardent de leurs gros yeux cet homme vêtu de blanc qui frotte et salit de la toile.

Parapluie, tu seras l'auvent rouge sous lequel la vieille marchande ridée vend des confiseries poussiéreuses au bord de la route ; le petit gamin aux cheveux ras et blonds, à la culotte fendue, aux grands yeux bleus innocents, tend de ses doigts très sales sa piécette d'un sou.

Parapluie, tu seras le bouclier d'amour derrière lequel se cachent les amoureux au fond des fiacres découverts à la capote baissée. Le cocher sourit de sa grosse figure couperosée, et ne presse pas son cheval ; le petit marmiton blanc, sa corbeille vide sur la tête, se penche en passant et imite le cri du chien écrasé ; dans la voiture, les cheveux et les lèvres se confondent, et il fait chaud.

Parapluie, tu seras l'arme vengeresse de la femme outragée ; elle a surpris sa rivale ; chapeaux et faux cheveux s'envolent ; des cris éclatent, pareils aux grincements de la scie à vapeur, et les baleines bri-sées percent le taffetas lamentable.

Parapluie, tu abriteras le déjeuner sur l'herbe, à la campagne, au bord du ruisseau des écrevisses ; et la vache voisine viendra lécher en pleurant le plat de tête de veau vinaigrette, en reconnaissant son fils.

Parapluie, tu seras la providence des amoureux, les jours d'averse. L'abri est étroit, la jeune fille se serre contre son fiancé éperdu, et l'on dirait Paul et Vir-ginie qui auraient passé par la Samaritaine.

Parapluie, tu seras le pourvoyeur d'Eros. Le trot-toir ruisselle. La foule attend l'omnibus impitoya-blement complet. La pauvrette n'a que son ombrelle déjà toute trempée. Elle sourit à l'élégant jeune homme qui s'est approché d'elle pour lui offrir une place sous son parapluie et dans son cœur.

Le poète Victor Mabille n'a-t-il pas chanté les Amours qui prennent pour carquois l'étui d'un para-pluie :

> En tout pays, un jour d'averse,
> A la beauté que l'eau traverse,
> Offrez le cœur, offrez la main,
> Mieux vaut passer votre chemin ;
> Êtes-vous jeune, offrez vos charmes
> Êtes-vous vieux, offrez vos larmes,
> Votre équipage ou vos beaux yeux,
> Votre fortune ou vos cheveux ;
> Offrez la mort, offrez la vie,
> La plus laide ou la plus jolie,
> Que vous soyez brun, blond ou roux,
> N'en prendra pas plus garde à vous ;

> Mais vous plairez à la folie
> Si vous offrez un parapluie.

Parapluie, tu seras comme un fusil de chasse. Le désert est ocre et brûlant. Le naturaliste au casque blanc tremble devant un tigre. Il ouvre subitement son parapluie et le fauve effrayé fuit.

Parapluie, tu serviras la cause sainte de la colonisation ; les fabricants ingénieux te revêtiront d'étoffes multicolores et de franges dorées, pour que les explorateurs t'offrent en don de bienvenue aux chefs des tribus africaines, et tu amadoueras Ahmadou.

Parapluie, tu seras le révélateur des crimes et le vengeur du droit méconnu. Madame rentre, elle avise un parapluie oublié dans le tube de l'antichambre. Elle va chez son mari. « — Bonjour, chéri ! Venu personne ? — Personne. — Alors pourquoi le parapluie de Mme d'Antrain est-il dans l'antichambre ? Monstre ! Tu me trompes ! » Crise de nerfs.

Parapluie, tu finiras à la Morgue-fourrière, quai des Orfèvres, Préfecture de Police, Objets Perdus. C'est le destin. Il faut des rosiers à l'automne et des riflards aux argousins. Un océan de parapluies qui dressent leurs pommes inégales. Les unes sont riches, agatines et aurifiées. Les autres sont modestes. Le parapluie a son prolétariat. Entre une dame, les mains vides. Elle s'exclame : « J'ai perdu mon parapluie ! Boule d'agate, taffetas vert. »

Il y a toujours dans le tas un parapluie de cette forme-là. Beaucoup de dames se fournissent à ce magasin peu cher.

Voué au plus triste sort, au plus amer dédain, le parapluie est l'être disgracié, méconnu, et pourtant dévoué. Il prodigue ses services jusqu'à sa dernière heure, et ne reçoit pour merci que des brocards et des mauvais traitements. Il est le symbole de la résignation chrétienne, de la charité sociale, de la fraternité républicaine et de l'abnégation philosophique. La société est injuste à son endroit, et nous lui devons d'autres réparations que celles du marchand, dont la porte est surmontée d'un parapluie rouge, emblème trop ignoré de l'humanité et de la bonté sans espoir ! Aussi est-ce avec un parapluie, madame, que je vous présente mes hommages, jusqu'au prochain courrier.

Poches et Jarretières

Est-il vrai possible, madame, ce que des maris m'ont rapporté, à savoir que des épouses jalouses fouillent, à titre d'information, les poches des pantalons conjugaux et des jaquettes maritales ? S'il en est ainsi, c'est un méfait de plus à l'actif de ces ineptes vésicules et ampoules appelées poches, goussets, ridicules, recéleuses de vilenies et dénonciatrices d'erreurs, enlaidisseuses de robes !

Ridicule ! Que voilà votre petit sac à main bien nommé, madame ! Car il l'est un peu. Le mot est d'ailleurs altéré ; c'est un réticule, *reticulum*, nom que les dames romaines donnaient à ce petit sac qu'elles prenaient avec elles pour porter leur ouvrage en allant clabauder chez la voisine. En France, sous le Directoire, les dames adoptèrent le réticule, et comme peu d'entre elles descendaient de Mme de Sévigné, qui savait le latin et bravait l'honnêteté, elles firent toutes ce pataquès digne des fruitières parvenues qu'elles étaient, et elles prononcèrent le mot comme si c'était un ridicule. En somme, cela veut désigner un petit filet, comme vous dites le « filet aux provisions » qu'emporte votre cuisinière.

Mais cette fois le quiproquo était spirituel, car la chose est bien mieux nommée par le néologisme que par son vrai nom.

Eh ! quoi, madame, n'avez-vous point de honte ?

Ridicule ou sacoche, c'est tout un, et c'est en somme le supplément de la poche. On fourre là ce que celle-ci ne peut contenir. Mais comment vous pardonnerait-on ce sac, quand il est si peu prouvé que vous ayez besoin même d'une poche, et quand il est au contraire si assuré qu'une poche enlaidit furieusement une robe et une cambrure. Guerre aux poches !

Les poches, et à plus forte raison leurs suppléments, leurs annexes, leurs prolonges qui sont les sacs, sacoches, ridicules et autres valises, ne sont excusables que si leur emploi est une obligation de métier, comme pour un garçon de recette ou un garçon laitier.

Mais vous, madame, comment tolérez-vous pour vous-même et pour votre mari ce ridicule usage des poches? Ne soupçonnez-vous point tout ce qu'il y a de grotesque à s'aller promener quelques heures dans la ville que l'on habite avec des vêtements crevés de fentes et bourrés de petits sacs comme une ceinture d'huissier sous Louis XIV, non autrement que si vous fussiez en partance pour une longue pérégrination par la voiture de quelque paquebot? Avez-vous jamais compté les poches de votre mari quand il sort en vous disant:

— Je vais au cercle, ou aux boulevards ?

A ce moment précis, madame, et pour une promenade aussi inoffensive, il est porteur, comptez avec moi : pantalon, jambes, ceinture et hanche, quatre poches ; gilet, trois ; jaquette, extérieur et intérieur, six ; pardessus, six et quelquefois huit, si les manches sont à pochettes ; au total *vingt et une poches* pour faire un tour et prendre l'air dans sa ville. Pour Dieu ! que ferait-il s'il s'agissait de traverser le désert ! Mais ce n'est pas un mari que vous avez là, madame ! c'est un Tartarin ! Il ne lui manque plus qu'un bissac sur l'épaule ! Quel bazar ! quel bataclan peut-il bien emporter dans tous ces creux-là !

Je devine bien, madame, quel intérêt ont les épouses à cette multiplication des poches, et je ne serais pas éloigné de croire à leur complicité avec nos tailleurs, parce qu'elle accroît les pièges tendus à l'étourderie maritale et augmente les chances de trouver oubliée dans une de ces nombreuses pochettes, quelque lettre révélatrice. Mais ce point de vue nous paraît trop inférieur pour occuper les spéculations de l'historien.

Nous n'admettrons la légitimité des poches qu'en voyage, pour en avoir nous-mêmes expérimenté un jour l'utilité.

C'était dans cette partie du Wyoming dont les États-Unis s'enorgueillissent parce qu'elle possède, dans un des sites les plus sauvages des Rocky-Mountains, une forêt dont les arbres sont d'agathe. La traite du cheval avait été longue, et le soleil dardait ses plus cruels rayons sur les bruyères violettes des cimes. Je dis à Jackson :

— Passez-moi donc la gourde de rhum.

Il arrêta sa monture, fourra la main dans sa poche et la retira en faisant un cri, le doigt coupé. Le verre s'était cassé. Mais flegmatique, il descendit, sortit une timbale, inclina sa poche, et en versa, comme d'une outre, une lampée de rhum qu'il me tendit d'un air triomphant, en me disant :

— Oh ! cela ne fait rien que le verre, il doit avoir été cassé, parce que le poche, il est *water-proof* !

C'est la seule fois que j'ai compris l'avantage des poches imperméables.

Mais une pareille utilité doit, madame, vous être indifférente, sauf dans le cas où vous méditeriez de faire la fraude à l'octroi. Franchement, pourquoi et à quoi bon des poches ? Elles ressemblent à des jambons qui pendent sous une cloche, si la mode est de porter des robes qui ont la forme des sonnettes ; au contraire, elles bossuent et déforment la jupe droite, si la mode est de rappeler l'image d'un parapluie dans son fourreau. Est-ce qu'on a jamais porté des poches ? Les anciens ne connaissaient pas ces valises portatives ; ils serraient leur argent dans la ceinture. C'était être un homme rangé et économe de porter une ceinture bien tirée et sanglée. Les débauchés se reconnaissaient à leur ceinture lâche. Les femmes ne connaissaient pas les poches. Seules, les sarigues avaient déjà la leur, sur l'abdomen, pour loger leurs petits marsupiaux.

Un des arguments qui militent terriblement contre les poches, c'est qu'on ne sut jamais où les placer. Tantôt on la mit près du cou, tantôt sous l'aisselle, à la place que votre couturière appelle encore le gousset ; tantôt à la ceinture, pendue extérieurement ; sous Louis XV, les hommes portaient quatre petites bourses de cuir cousues aux hanches. Dans l'armée, la poche pendait près du sabre, au bout des courroies, dans la sabretache, pour ne pas déformer le maillot collant.

Combien doit être plus exigeante la coquetterie féminine, et avec quelle horreur elle doit répudier ces petits sacs pendants. — Mais mon porte-monnaie? — Une femme n'a pas besoin d'argent, car tout dans 'univers lui appartient et lui est offert. — Mais mon mouchoir ?—Fi ! une jolie femme doit-elle se moucher ? Si ce malheur lui arrive, qu'elle jette loin d'elle le lin qui lui a servi, et qu'elle n'emprisonne pas dans sa robe, pour le transporter avec elle, le témoignage des infirmités de la nature. — Et ma montre ? — Les dames n'ont pas l'emploi d'une montre; l'univers règle son heure sur son caprice, et ce n'est pas à elle de demander quelle heure il est. Mettez ce que vous emportez où vous voudrez, dans votre ceinture, dans votre corsage, dans vos bas, ou bien relisez *Candide* : mais ne déformez jamais la ligne d'une jolie toilette par ces besaces intérieures qui vous font vous tourner en tire-bouchon, quand vous y cherchez quelque objet, et qui accuse des bosses pareilles à de gros furoncles entre arbre et écorce.

Quant aux sacs, ridicules et autres cabas, qu'avez-vous à en faire ? N'ayez pas l'air de déménager parce que vous faites une course, et ne transportez pas tout votre attirail comme un chaudronnier qui tire sa roulotte.

Ce nonobstant, si tel est votre bon plaisir, je consens que vous persévériez à vous couvrir de ce ridicule, tant je suis accommodant. Je clos ma lettre et je vais de ce pas la jeter à la poste. Pourvu que je n'aille pas l'oublier dans mon veston et la laisser poche restante !

Seigneur, préservez-moi, préservez ceux que j'aime d'ambitionner d'autres poches, ampoules ou besaces, que les vôtres.

> Le fabricateur souverain
> Nous créa besaciers tous de même manière :
> Il fit pour nos défauts la poche de derrière
> Et celle de devant pour les défauts d'autrui.

Dans cette guerre de guérillas qu'est le mariage,

où chacun épie, surveille, guette, la poche maritale
et imprudemment oublieuse est pour la fouilleuse ce
qu'est la voilette conjugale au mari.

Dialogue :

— Cette lettre de femme dans ta poche. Tout est
fini !

— Ta voilette sent le tabac turc! Je n'en fume jamais ! Adieu !

Et les procès, les plaidoiries, les interrogatoires :

— Prévenu, où étiez-vous, il y a trois ans, à 5 heures du soir, le 31 mars ?

Vous me la baillez belle! Au fond, madame, savons-
nous jamais au juste ce que nous avons fait et ce que
nous n'avons pas fait? Quand nos actes sont une fois
tombés dans le gouffre amer du passé, voulez-vous
me dire en quoi et par quoi ils tiennent encore à
nous. Est-ce qu'ils ne nous deviennent pas aussi
étrangers que le gland qui a quitté son chêne, et qui
roule sur la colline juqu'à la grande route ?

Vous dites que la continuité de la personnalité
humaine est la condition première de notre conscience, et je né vais point là contre. Mais il vous faut,
ce nonobstant, confesser que nos actes passés nous
sont presque étrangers, n'étant plus reliés à nous
que par le fil ténu et fragile du souvenir: et combien
souventes fois il se brise! En combien d'occurrences
hésitez-vous, si tel événement un peu lointain vous
est arrivé en réalité ou par les songes, fils de la Porte
d'Ivoire? Vous dites :

— Ah ? çà, est-ce que je l'ai rêvé ?

Et l'oubli, qu'est-ce autre chose sinon la séparation
totale et radicale entre nos anciens états d'âme et
l'état présent? Il y a des choses dont on se souvient,
il y en a qu'on ne se rappelle plus, et les vieux pro-

fesseurs répètent : *Me fugit, fallit, praeterit!* Tels et non autrement des rejetons poussent au pied même et à l'ombre de la souche-mère qu'ils ne quittent pas, et d'autres vont provigner bien loin, à l'écart, en exil, là où le vent a emporté, dispersé et semé le pollen conservateur des races.

Vous voyez bien, madame, qu'il est impossible à un prévenu de se rappeler exactement s'il a ou non commis un crime. Son aveu n'est que de la suggestion. A force de le lui répéter, les juges finissent par lui persuader qu'il est coupable. Les condamnations pleuvent au petit bonheur, et plutôt au grand malheur des innocents. Heureusement qu'ils sont les premières dupes, et qu'ils sont plus fermement persuadés que personne de leur culpabilité. Tout n'est qu'imagination. Voilà l'unique cause des erreurs judiciaires. Si on vous accuse d'avoir volé les Tours de Notre-Dame, commencez par vous sauver.

Mais, par ailleurs, quelle poésie dans une voilette de femme, dans ce voile léger qui estompe et avive à la fois les traits et le regard, la pensée et le charm e.

O voilette! petit nuage de tulle qui abrites et embellis le frais minois des jeunes femmes, que de grâces on te doit, et que de grâces aussi tu ajoutes à la beauté. Tu en prêtes même aux laides. Une femme qui a de la sveltesse, fût-elle disgrâciée quant au visage, est jolie dans la rue, quand elle est voilée, grâce à sa démarche, à sa taille, à sa mise. Celles qui sont déjà d'un âge mûr, reprennent de l'élégance et de la jeunesse sous la voilette, et les passants leur accordent l'hommage de se retourner, parfois de les suivre, dupés par le tulle-illusion, bien nommé.

O voilette! gracieux et délicat abri du teint et des pudeurs alarmées! Tu es le rempart impénétrable des

galanteries clandestines, la confidente des pensées
obscures qui fleurissent sous ce front blanc que tu
enserres ; la femme a des gestes jolis et câlins pour
te ramener, docile et tendue, sous son menton rosé ;
tu reçois et tu bois son haleine, et tu étends le lacis
de tes ténuités arachnéennes devant les deux adorables fenêtres de ses yeux. Tu presses amoureusement
ses tempes nacrées, et tu sembles tomber comme une
chute de dentelle, du fouillis capricieux de ses fri-
sons. Tu caches sans masquer, tu laisses deviner ce
que tu voiles, tu estompes habilement les traits, tu
ornes ce que tu nous voles, et les poètes tendent leur
luth pour chanter :

Une voilette blanche au fond d'un coupé noir.

Que tes aventures sont diverses. Parfois, quand tu
sors de ton écrin, tu fleures bon les senteurs de
l'Idumée, le jasmin, la jonquille, l'eau des sultanes,
ou la violette amie de la voilette ; quand tu rentres
dans le coffret, l'odeur n'est plus la même et tu sens
le tabac !

Voilette révélatrice imprudemment oubliée sur un
meuble ! Que longue serait ta litanie ! Voilette de joie
ou d'amour ! Voilette de deuil ! Voilette blanche ou
de crêpe noir ! elle est le langage du cœur et l'indice
des états d'âme ; elle est joyeuse ou recueillie, discrète
ou voyante, timide ou arrogante, heureuse ou enga-
geante, rieuse ou attristée par les tons mats et éteints
du deuil, ou toute blanche des candeurs virginales
de la fiancée ou de la religieuse ! Voilette jeune ! Voilette mûre ! car elle a ses âges aussi. Entrez chez la
mercière. Une dame âgée vient acheter une voilette.
La commerçante crie au rayon :

— Mademoiselle Marie, apportez des voilettes !...
oui, de couleur !... pour jolie femme de vingt-cinq à
trente ans !

La cliente en prend deux douzaines. C'est le secret des affaires.

La voilette a des heures pénibles, qu'elle passe
roulée en paquet et en chiffon dans la poche du pardessus de Monsieur, à qui Madame l'a confiée à l'entrée du théâtre, avec la recommandation :

— Ne la chiffonne pas.

Mais est-ce possible ? La voilette est chose légère,
et nos gros doigts l'écrasent en la touchant. Il n'y a
que des doigts de femmes pour manier ces nuageuses
délicatesses.

Et c'est elle encore qui flotte par les airs, à la
fenêtre du donjon, dans les légendes romantiques,
en guise d'écharpe et de signal pour l'amant de la
rengaine :

Tu chanteras
Tout bas, bien bas,
Tes doux refrains de femme ;
Et ton époux
Qui chasse aux loups,
Ne saura pas, mon âme ;
Pourquoi dans la brise du soir
Sur les créneaux de ton manoir,
Comme une étoile au firmament,
Flotte ton voile blanc.

Sous le Grand Roi, les femmes n'avaient pas de
voilettes, mais des masques. Cela protégeait le teint
à coup sûr ; mais c'était laid, et la rue prenait un
air continuel de mascarade.

Est-il rien au contraire qui complète mieux que la

fine voilette le coquet chapeau chiffonné par les doigts de fée de la modiste moderne? Elle n'eut pas convenu aux coiffures extravagantes et poudrées des dames de la cour, fleurs de serres chaudes, qui sortaient peu. Mais elle est l'invention délicate et délicieuse des temps récents et de la démocratie élégante, qui promène davantage ses grâces par les rues. Les grandes dames d'antan n'avaient que faire en ville. Elles ne craignaient pas pour leur teint, dans l'air chaud et moite des palais. La femme d'aujourd'hui est plus marcheuse et sort davantage. Elle a repris à son usage la mode antique du voile, que portaient déjà les femmes d'Homère, et que portent toujours les Orientales.

En Égypte, une femme ne doit jamais laisser voir son visage. Un jour, je croisai au bord du Nil, une jeune fille qui portait sur sa tête une corbeille. Elle était jolie, vêtue seulement d'une robe légère et flottante sur son corps souple. Elle avait oublié son voile. A la vue de l'étranger, elle fut honteuse à l'idée qu'il apercevrait ses traits. De la main qui lui restait libre, s'étant penchée, elle saisit le bas de sa robe, qu'elle releva jusque devant ses yeux : et je n'ai pas vu son visage.

J'ai vu du moins qu'elle n'avait pas de poches, car nous y revenons, et je l'en ai félicitée.

Je me suis laissé dire que les Espagnoles, ces femmes qui ont traditionnellement les yeux noirs, la mantille et la rose rouge, n'ont pas d'autres poches que leurs jarretières, où elles enserrent leurs piécettes et leur poignard. A la bonne heure ! Le geste devient alors gracieux, de mettre la main à la poche. Il favorise la coquetterie, aujourd'hui si menacée, de la jarretière, cette ceinture de Vénus.

Rien n'est plus éloquent qu'une jarretière. La jarretière, c'est la femme même, coquette ou austère, bonne enfant ou conquérante, somptueuse ou minable. Elle est le thermomètre des états d'âme. La jarretière n'est jamais coquette impunément. Elle est comme sa maîtresse, et ne se fait pas belle pour ne pas se montrer. Que de philosophie, de révélations, d'indices elle comporte ! Elle reflète le caractère et dévoile les habitudes, et son petit cercle, souvent fait au tour, embrasse toute la complexité de la nature humaine.

Autrefois, les grandes dames portaient de fort belles jarretières, si belles, qu'à peine en pouvons-nous prendre une idée. Elles étaient de satin azur, de dentelles d'or, avec des boucles et mordants d'argent doré, de fin vermeil, et quatre petits bétons à faire fermoirs d'argent doré. Il y eut une duchesse qui fit, pendant son deuil de veuve, représenter en petits médaillons émaillés sur le tissu d'or de ses jarretières des larmes et des pensées à l'adresse du cher défunt. Ah ! le bon billet ! Mais, madame, tant d'ostentation dans la décoration d'une jarretière laisse à penser qu'elle ne souffrira pas de demeurer secrète ; vous voudrez qu'on n'ignore point la façon magnifique dont vous pleurez votre mari, et vous mettrez tellement le public dans la confidence de votre deuil, que celui-ci sera très supportable.

J'ajoute tout de suite, madame, à la décharge de vos aïeules, qu'autrefois, les femmes montraient beaucoup plus leurs jarretières que de nos temps, du moins en public. Il semble que cela ne tirait point du tout à conséquence. Les dames montaient beaucoup à cheval, et elles avaient à dessein de très riches jarretières pour le montoir. Il était d'usage, de mise

et de bon ton, pour une femme, de montrer sa jambe;
la toilette féminine comportait naturellement la très
vive coquetterie du mollet, et c'était la fortune pour
une femme de chambre qui savait bien tirer le bas
pour qu'il moulât le galbe. Il y en a qui s'y sont enri-
chies. D'aucunes prenaient de préférence des pages
pour cet office, comme ayant la poigne plus forte.
Ainsi faisait la Grande Mademoiselle, cousine du Roi
Soleil ; et quand elle voyait le page se troubler, elle
lui donnait charitablement quelques louis et lui
disait avec bonté, en lui accordant quelques heures
de congé :

— Allez vite, mon pauvre garçon !

Aujourd'hui, la jarretelle a remplacé la jarretière.
L'hygiène y a beaucoup gagné. Les artères du genou
ne sont plus comprimées, comme au temps de Rabe-
lais, car le savant curé de Meudon nous apprend que,
de son temps, la jarretière était double et serrait le
genou au-dessus et en dessous. Mais la jarretelle est
dénuée d'esthétique. Elle retrousse, elle fronce, elle
rebrousse et elle tend mal. Une pareille invention
suffirait, faute d'autres documents, à informer les
historiens de l'avenir que les dames de notre temps
ne montrent pas leurs jambes.

Autrefois, les hommes aussi portaient jarretières
parce qu'ils portaient culotte. Cette ceinture du
genou était ou bien indépendante, ou bien attachée
et coulissée soit en haut du *bas*, soit en bas du haut-
de-chausse, ou culotte. Les hommes mettaient une
grande coquetterie dans cet affiquet, dont l'office
était à la fois d'empêcher le bas de descendre et la
culotte de remonter. C'était le trait d'union, l'attache, la chaîne contre les déhiscences, l'isthme des
chausses, et le raccord par l'aiguillette.

Le pantalon masculin s'est déroulé et est tombé comme un rideau tubulaire devant cet ancien décor.

Il s'est relevé à l'apparition de la bicyclette et des autos, et la jarretière va peut-être retrouver des jours d'autant plus brillants que les dames montrent à présent avec une complaisance cynique et persévérante, le mollet qu'Isabeau de Bavière elle-même, toute délurée qu'elle fût, ne laissait voir qu'en descendant de cheval, comme par accident et par surprise.

Il va bien falloir des jarretières à toutes ces jambes-là ! Hommes et femmes en auront besoin. Jadis, jamais seigneur n'eût consenti à montrer une jambe veuve de rubans et dégarnie d'ornements. Que ne devez-vous donc point faire, mesdames, pour égaler au moins le présent des femmes au passé des hommes ?

Et vous resplendirez peut-être au-dessus des mollets pansus ou malingres, jarretières d'or et d'argent, de perles et de filigrane, de rubans soyeux et multicolores comme des jarretières de mariées, petites ceintures subrotuliennes que pareront les emblèmes et les devises, et pour lesquelles le cardinal de Richelieu lui-même sera d'un exemple utile, lui qui parut un jour au bal de la Cour avec des jarretières garnies de clochettes, comme si, par une prescience toute cardinalice, il eût voulu léguer une idée efficace aux cyclistes futurs en quête de signaux d'appel.

> Les élastiques jarretelles
> Sont les déplaisantes bretelles
> Des bas godant sur les talons ;
> La jarretière est la ceinture
> D'Aphrodite, qui s'aventure
> Sous les plissés des pantalons,

> Les mollets nus sous les chaussettes
> Font regretter les aiguillettes
> Des seigneurs aux ballets des rois.
> Il est temps que les jarretières
> Reprennent leur place et leurs droits
> Sur les jambes des héritières
> Qui vont en bicyclette au Bois.

Je vous demande votre suffrage, madame, dans cette campagne pour la belle jarretière; occupez-vous-en, et ainsi vous serez assurée d'échapper au péril de cette réprobation que je lisais sur une jarretière déjà ancienne, dans la collection d'un amateur qui a réuni de curieuses pièces des costumes féminins de jadis :

Honni soit qui point n'y pense !

LIVRE III

L'ANNÉE FÉMININE

Lettre du Jour de l'An

Madame, je vous souhaite une bonne année et une heureuse santé. Vous souriez? C'est bien banal? Ah! que vous avez tort! comme vous méconnaissez les droits et les bienfaits de la banalité et du lieu commun! Vous préféreriez que je renouvelasse la formule, et que je m'exprimasse de façon si plaisante et imprévue que vous vous exclamassiez d'aise. Je vous demande pardon pour ces imparfaits du subjonctif que la logique de notre langue réclame et exige impérieusement, mais je les adore, depuis ma plus tendre enfance, quand on nous faisait apprendre les paradigmes de la grammaire appliquée:

> O fallait-il que je vous visse!
> Fallait-il que vous me plussiez,
> Qu'ingénûment je vous le disse,
> Q'avec orgueil vous vous tussiez!
> Fallait-il que je vous aimasse,
> Que vous me désespérassiez,
> Et qu'en vain je m'opiniâtrasse
> Et que je vous idolâtrasse
> Pour que vous m'assassinassiez.

Voilà comme il faut s'exprimer pour parler congrûment et avec correction.

Vous eussiez donc préféré quelque formule de nouvel an renouvelée des Orientaux.

Que la rosée des félicités inonde le jardin de vos pensées.

Cela ne vaut rien, et il convient de chanter, en ce jour qui inaugure une factice division du temps, l'hymne de la sainte banalité.

Sous les arcades de cette rue qu'on nomme Rivoli, depuis la campagne d'Italie, de pâles et craintifs camelots vendent pour quelques oboles de certaines feuilles de papier pour lettres de Jour de l'An. Les côtés en sont festonnés et dentelés comme des bords d'images de piété, et des mains maigres d'ouvrières les ont martelés sur des bandes d'étain perforé, qui ont laissé sur la feuille des arabesques à jour. Dans le coin, à gauche, une guirlande aux couleurs trop vives figure des fleurs très panachées, qui rappellent les saisons douces au sein même de l'hiver.

Ces modestes commerçants, que la seule crainte des agents rend nomades, vendent aussi, pour des prix modiques, de minces livrets jaunes dont le titre explique l'emploi : Le Parfait Secrétaire des lettres de bonne année. C'est un petit ouvrage précieux. Tous les cas y sont prévus. Père, mère, épouse, maîtresse, propriétaire, patron, ministres, tous les destinataires possibles y figurent, et aucun d'eux ne serait en droit de se déclarer mécontent des jolies choses qui lui sont dévolues de par cette petite bible de la civilité puérile.

Rien pourtant n'est plus banal : mais entrez par la pensée dans le logis de quelque modeste employé. Le père ne rentrera qu'à six heures ; tout en préparant le repas, la mère surveille le bambin qui est attablé dans la salle à manger, le corps penché en avant, la tête de côté, la langue tirée, les doigts luisants d'encre, plongé dans la grave occupation de recopier le compliment d'usage sur la feuille à fleurs, dont le prix fait une rareté.

Il faut s'appliquer, il faut ne rien manquer ni raturer, car ces feuilles-là, on ne peut les gâcher ni les remplacer, c'est trop cher.

Gare aux pâtés! Ce compliment d'usage a besoin d'être réussi tout de suite et du premier coup, sans surcharge, grattage ni retouche; c'est de la calligraphie à fresque; il n'y faut ni hésitation, ni manque.

Aussi quelle soucieuse attention apporte le bambin, les sourcils froncés, les doigts crispés, tout l'être tendu comme s'il soulevait une montagne! De temps en temps, il s'arrête, souffle; c'est un alinéa, et la phrase recommence.

— Maman! viens me faire ma majuscule!

Puis le rouleau est enveloppé d'une faveur bleue, et le bambin le donnera au père en lui récitant par cœur le contenu. Voilà du banal. Mais demandez à ce père s'il ne chérit pas cette banalité, et si son cœur n'est pas délicieusement ému de joie et d'orgueil par la belle page d'écriture de son petit!

Voyez-vous, madame, nous vivons baignés dans une atmosphère de banalité; parce que tout ce qui n'est pas neuf est banal, et on ne peut toujours avoir et faire du neuf. C'est une marque de décadence et de décrépitude, quand il faut toujours de la nouveauté. Les estomacs sains et robustes mangent plusieurs fois par jour le même pain toujours, sans gémir de cet ordinaire. Aux estomacs malingres, il faut des condiments, des raffinements, des piments et des éperons. Le goût du faisandé n'est pas bon signe. Qui s'aiment, se ressemblent, et se rassemblent.

Le caractère du banal, comme aussi sa force, c'est

sa durée. Le neuf est transitoire, car à peine est-il, qu'il n'est plus.

Connaissez-vous le mot si vrai d'Alfred de Musset? Il avait quatre ans. Sa mère lui avait acheté de petits souliers rouges qu'il était très fier et très impatient de porter. Tandis que pour sortir, elle lui peignait ses blonds cheveux, il trépignait et lui disait :

— Dépêche-toi donc, maman, mes souliers neufs vont être vieux !

La nouveauté de deux jours est déjà vieillerie. Le banal s'étale et se carre, et s'installe sans broncher ni grouiller. Celle-là est éphémère et fugace; celui-ci est permanent et stable, il est ce qui dure.

> Que de jeunesse emporte l'heure
> Qui n'en rapporte jamais rien!

Elle n'enlève toujours pas le banal, qui persiste avec force et vivacité, à travers toutes les mutations et dans le flux mouvant des choses.

Le soleil, le ciel étoilé, voilà du banal, et c'est même ce que nous tenons de mieux dans ce genre, sur cette terre, car non seulement ils existent depuis que le monde est monde, mais ils existaient avant nous.

> La Grande Ourse, archipel de l'Océan sans bords,
> Scintillait bien en avant qu'elle fût regardée ;
> Bien avant qu'il errât des pâtres en Chaldée,
> Et que l'âme anxieuse eût habité le corps.

Et c'est pourtant depuis lors, ce ciel étoilé, l'un des plus beaux spectacles qu'il soit donné à l'homme de contempler, et il ne perd rien à durer.

C'est une des plus étranges anomalies de l'humaine nature. Il nous faut du nouveau, n'en fût-il plus au monde. Et pourtant, il n'est de grand, de vrai, de touchant que les vieilles rengaines et les sentiments les plus antiques. Quel leurre que la nouveauté! Quelle chimère et quelle utopie de nos modernes auteurs en quête de sentiments nouveaux à exploiter et à exprimer au théâtre ou dans le roman! Les psychologues les plus généreux ont été jusqu'à élever au chiffre de douze les sentiments primordiaux de l'âme. C'est sur ce fonds étroit que l'humanité vit depuis des siècles. Il n'y a rien là à renouveler. Tout est dit. Mais on peut toujours le redire, et les plus vieilles romances sont les meilleures. Quelque innovation que les nouvelles écoles cherchent ou désirent, la chanson de l'amour, de la jeunesse, de la douleur résonnera toujours de même, et sera d'autant plus touchante que l'air en sera moins nouveau. Quelles que soient les nouveautés de l'expression, l'homme aura toujours, et a toujours eu la même façon d'aimer et de souffrir.

Notre erreur est dans notre égoïsme. Chaque génération qui passe sur cette terre s'imagine et se persuade trop aisément que cette terre a été uniquement créée et mise au monde pour elle. Elle ne songe pas assez que ce globe a déjà été la résidence des générations précédentes, et que d'autres, apparemment, nous y succéderont. Nous ne sommes ici qu'à bail et en viager. Cependant le domaine reste le même pour tous ses hôtes d'un jour; chacun le croit à soi pendant le temps qu'il l'occupe. Hélas! ce n'est que de la location.

C'est nous qui passerons, et le monde reste, et c'est le monde qui est banal de la plus vulgaire banalité, comme une vieille hôtellerie dont l'ouverture remonte à huit ou dix mille ans en arrière, sans que le chiffre de sa clientèle ait jamais subi de diminution sensible. Depuis si longtemps, sa vieille carcasse a toujours résisté aux dégradations, aux querelles, aux soubresauts, à toutes les secousses de ses hôtes turbulents et transitoires. Ainsi, cet hôtel de la Nature jouit d'une permanence que les années n'attaquent ni n'entament, ni ne modifient, et quand les hommes ont à se congratuler entre eux, à se prodiguer les souhaits et les vœux propitiatoires pour parer et prévenir les coups de la noire Até, ils le font tout comme le faisaient déjà les héros de cet Homère, dont les savants Anglais prétendent que c'était une femme ; et voilà une nouveauté.

Vous voyez, madame, qu'il serait superflu, autant qu'illusoire, de tenter de rajeunir les vieilles formules ; elles demeurent excellentes, quand elles recouvrent des sentiments éternels, et c'est ce qu'elles ont de mieux à faire.

Bonne année, donc, madame, bonne santé, et recevez tous les dons qu'il est juste que je vous souhaite, et que vous méritera l'indulgente patience avec laquelle vous m'écoutez. S'il y a une justice immanente dans les choses et dans la répartition des vœux exaucés, votre félicité est assurée, et vous ne tremblerez pas devant ce trou noir de l'avenir, que, le Jour de l'An vient d'ouvrir sous nos pas.

A présent, c'est fait ; depuis quelques heures, nous avons mis le pied sur la route nouvelle de la jeune annuité ; tout retour est impossible, et nous sommes emportés. Laissons-nous aller, puisque aussi bien, il nous serait absolument impossible de faire autrement. Il faut toujours acquiescer de bonne grâce à ce qu'on ne peut éviter, et préférer la fierté de l'initiative à l'humiliation de l'obéissance. Tout n'est qu'une affaire de forme, — tout même le Temps qui, n'est, comme vous le savez, qu'une des formes de notre entendement.

Et pour finir, — tel et non autrement Sénèque en agissait, quand il écrivait à Lucilius, — je demanderai à l'ancêtre Térence l'exposé des vœux qu'il est congru de faire en cette occurrence, puisqu'il les a ingénieusement déduits en l'une de ces aimables comédies contaminées qu'il intitula : *l'Héautontimorouménos*. Puisse votre maison ne point brûler cette année, votre vin n'être point aigre, votre époux vous demeurer fidèle, votre modiste baisser ses prix, vos bœufs n'être point atteints de l'épizootie, vos enfants vous ressembler, vos esclaves ne vous point voler, vos traits résister à la marche des années, la politique épargner votre foyer, et vos rivales enlaidir.

Ainsi chantait le nègre africain que le sénateur Terentius adopta : les sénateurs de ce temps-là avaient de l'esprit. Le Destin, père des Parques, n'en aura jamais plus qu'en continuant, comme je suppose qu'il a toujours fait, à regarder, madame, vos désirs comme des ordres.

Lettre du Poisson d'Avril

J'ai été fort diverti, madame, par le récit que vous me faites des mystifications variées que vous a values la date fatidique et facétieuse du 1ᵉʳ avril. Vous avez été épargnée, si vous songez à l'infinité des inventions saugrenues que l'imagination nocive des mauvais plaisants invente et crée à cette occasion : envoi de douze bains en six heures, faux messages téléphoniques, convocation de trente bossus chez un notaire, l'ordre de changer en votre absence l'étoffe de votre cabinet de toilette, et mille autres tracasseries qui font le bonheur de peu, et l'ennui de beaucoup.

Mais l'humaine nature est ainsi faite que la taquinerie est son délice, et cet ordre n'est pas près de finir, par la raison profonde, philosophique et vraie qu'en donna le perspicace penseur Hobbes : au fond de toute mystification, il y a de l'orgueil, il y a la joie d'une supériorité éphémère, celle du trompeur sur le berné.

Ne cherchez point ailleurs le secret de la persistance, de la résistance de cet usage qui autorise, encourage et protège, une fois l'an, la duperie, en dehors des affaires.

Ces plaisanteries ont d'ailleurs un côté bienfaisant puisqu'elles alimentent un commerce et font vivre de petits mercantis. Il y a des magasins qui ont des assortiments d'attrapes toutes faites, pour ceux qui auraient l'invention lente et rétive : appareils photographiques d'où part une douche d'eau, blague à tabac figurant un crâne, un saucisson ou quelque autre chose, bonbons en savon, chenilles « bien imitées pouvant s'accrocher aux vêtements », un petit appareil imitant le cri d'un nouveau-né,« très bonne farce à faire en wagon » ; fausses mâchoires « d'un effet horrible », fromage de Camembert « très bien imité, » pieds nus, en carton, de paysan du Danube, « effet sûr dans un salon », pince-doigts, poudre à faire éternuer.On n'en finirait pas si l'on voulait dénombrer les mille et une manières qu'ont certaines gens de mystifier leurs frères.

Il va de soi que tous ces produits préparés sont populaires. Les intellectuels ne font pas de farces, ou, s'ils en font, elles sont intellectuelles, et ne se trouvent point au magasin.

Ce n'est point à dire que le populaire n'ait pas, lui aussi, ses farces intellectuelles, sentimentales et distinguées. S'il faut même s'étonner d'une chose, c'est de trouver, à ce bas étage de la société, des divertissements de la préciosité la plus renchérie, que le 1ᵉʳ avril remet tous les ans à la mode, et qui font frissonner d'aise dans leur tombe les mânes de Mˡˡᵉ de Scudéry.

Ce sont des papiers fantaisistes, d'une rédaction galante, que les petites ouvrières reçoivent ce jour-là : touchantes déclarations qu'autorise l'impunité de l'anonyme et du symbolisme ; car tout cela est symbolique. Voici un avertissement-contrainte des Contributions Directes, sur papier groseille, au timbre du département de l'Ile d'Amour, ville de Cythère, allée des Soupirs, quartier des Plaisirs. Le receveur-percepteur enjoint au contribuable (sous peine d'être contraint par toutes les voies de droit), de payer les taxes dues, dont les colonnes sont dûment alignées comme s'il s'agissait de portes, fenêtres, chiens et tricycles : rendez-vous, sourires, regards, coquetterie, droit de visite, prestation en nature, tout est prévu dans l'état.

Il y a aussi des chèques, d'apparence grave et financière, avec les lignes en hachures et les arabesques de couleur orange pâle, dans le filigrane du papier. C'est une traite sur la Banque de Cythère ; le B. P. F. accuse la somme de Mille et Un Baisers bien tendres ; le cartouche latéral qui doit encadrer la firme et la raison sociale se compose de petits amours voletant par les nuages autour d'une banderole qui porte les mots : Amour Éternel, Fidélité, Sincérité, devise qui est à ces billets tendres ce qu'est aux monuments publics : Liberté, Égalité, Fraternité.

La Banque de la Félicité délivre aussi des traites pour trois cent soixante-cinq jours de délices. Il n'est pas jusqu'au ministère des postes et télégraphes qui ne se rende complice de ces délicatesses par l'émission de bons de poste, imprimés en rouge sur ocre. Les mots en grandes majuscules cursives qui relient le billet à la souche, et que les ciseaux couperont en zigzag, sont : Ministère de l'Amour. Dans l'encadrement courent des devises : « Fidélité, Espérance, Délices, Bonheurs, Volupté, L'amour c'est la vie. » Mais il faut lire le libellé du billet. Il ordonne le paiement de cinq baisers. Il y a un timbre de quittance, pour droit d'aimer. Toute infraction à la loi sera poursuivie devant la Haute Cour de Cupidon.

Un autre papier est une sommation de l'huissier Jolicœur, à l'effet de recevoir vingt-cinq baisers, à défaut de quoi le poursuivant en disposerait au profit d'une autre.

Il faudrait parcourir aussi le calendrier des amoureux, au centre duquel on voit Vénus sortant de l'onde, le sein percé d'une flèche de Cupidon. Chaque jour y porte un nom galant : jours des espérances, caresses, supplications, bijoux, rêves dorés, lèvres roses, jour des huîtres, jour du cousin, et ainsi de suite.

En bas, on lit ce vieux proverbe populaire que Carmen a peut-être connu et épinglé au mur de sa chambrette :

> Voici l'Amour !
> S'il ne t'a pas vu, cache-toi !
> S'il t'a vu, sauve-toi !
> S'il t'attrape, défends-toi !
> Et si tu peux le tuer, tue-le.

Étrange destinée des choses ! Cette galanterie maniérée et puérile, qui émaille, en ces jours d'avril, les feuillets multicolores que vendent les petites mercières et les marchands de journaux, elle eut les origines les plus distinguées, et sa trivialité actuelle est une déchéance. Il y a cent cinquante ans, elle faisait les beaux jours et le charme des salons des précieuses et des renchéries, petites-filles de la Clélie ; c'est tout à fait la même. Elle a dérogé. En ces temps-là, les belles habituées de l'Académie galante étaient folles de ce genre mièvre et doucereux. Dans les assemblées de leurs ruelles toutes ruisselantes de satin et de pierreries, on distinguait les *Antécédents* qui sont Bals, Spectacles, Soupers, les *Concomitants* qui sont Soupirs et Plaintes, les *Subséquents*

qui sont Satisfaction ou Satiété. On lisait des enfan-
tillages tout pareils aux élucubrations que vendent
les camelots de 1er avril, comme celui-ci qui date
de 1670 :

« Par-devant les notaires, garde-notes du roi Cupidon, soussignés, se présente la belle Cloris, bourgeoise de la ville de Cypre, demeurant rue et proche
du Temple d'Adonis, pour bailler et délaisser à titre
de loyer à l'amoureux Daphnis, à ce présent et ac-
ceptant, un cœur à elle Cloris appartenant par rétro-
cession qui lui a été faite par l'inconstant Hylas, son
époux, par acte passé par-devant Dégoût et Mépris. »

C'est là, dès le temps de Louis XIV, un merveilleux billet de 1er avril. En voici un autre, dans le
goût qui plut à la cour sous Louis XV :

« L'An de Persévérance, le neuf du mois d'Assi-
duité, en vertu des contraintes du bureau d'amour,
et à la requête de Tircis, amant fidèle, demeurant
rue du Sacrifice, paroisse de Sincérité, à l'enseigne
de Belle Passion, Nicolas de Bonnefoi, huissier au-
diencier ordinaire, immatriculé, exploitant par tout
le domaine de Tendresse, donne assignation à demoiselle Philis, fille de Cruauté et de Tyrannie, en son
domicile, rue des Rigueurs, paroisse de Dureté, à
l'enseigne du Cœur de Rocher, à comparoir en la
chambre d'Engagement pour s'ouïr condamner à
une insensibilité perpétuelle. »

Au siècle dernier, c'est ainsi que l'on s'exprimait
entre gens d'esprit, entre intellectuels et dames distinguées, dans toutes ces réunions aimables et spiri-
tuelles dont la seule liste emplit les deux volumes
de Dinaux, depuis le Cabinet Vert, l'Ordre de Félicité, l'Académie de ces Dames et de ces Messieurs,
jusqu'à l'Aimable Commerce ou au « Bout du Banc »

de Mme Quinaut, chez qui il y avait un dîner mensuel, avec un encrier comme milieu de table.

Tous ces amusements badins procédaient en droite ligne de la Chambre Bleue et de la ruelle de Mlle de Scudéry ; ce sont des variations géographiques autour de la carte du Tendre, qui est la cause et l'origine de tout. Ces usages aristocratiques et distingués se sont perpétués jusqu'à nous ; mais, par un phénomène étrange de déclivité, ils ont glissé peu à peu de ces hauteurs à travers les couches sociales, comme une mouche s'enfonce dans l'huile, et nous les retrouvons aujourd'hui au bas de la pente, en plein peuple. Ce sont les ouvriers, les menus employés, les tenanciers de loges à cordon qui se divertissent à ces choses dont les marquises raffolèrent. Ainsi va le monde, chère madame. Tout a une aube et un déclin, tout, sauf votre jeunesse et votre grâce. Nous mourons chaque jour, et les choses aussi subissent cette loi de la décrépitude progressive.

C'est le poisson d'avril qui a eu l'honneur et la gentillesse de perpétuer une des formes les plus mignardes, les plus souriantes de l'ancienne préciosité : il convenait de lui en donner acte.

On voit assez de poisson conservé, pour qu'il soit piquant de voir, au moins une fois, le poisson conservateur.

Sermons de Carême

Ce que vous me dites, madame, de l'inquiétude
charmante où vous mettent les sermons de carême
n'est point pour m'étonner. Il n'y a pas ombre de
mortification à ces audiences sacrées, où l'on se rend
autant par snobisme ou par coquetterie que par
dévotion. C'était déjà ainsi au temps de La Bruyère,
qui disait : les femmes vont au sermon pour se faire
voir, et les hommes y vont parce qu'il y a des femmes. L'église, en temps de carême, est une manière
d'afternoon tea religieux.

Mais ce qu'on y entend a de l'attrait pour vous,
mesdames. On vous y dit mille choses désagréables,
et vous aimez cela. C'est une erreur de croire que
les femmes aiment les fadeurs et les compliments. Si
cela était vrai, elles n'iraient point au sermon. Mais
elles ne détestent pas être maltraitées et sentir peser sur elles une supériorité quelconque, comme
celle du mépris et des reproches, qui est l'essence
même de l'éloquence sacrée.

Le sermonnaire vous brutalise, et vous courez à lui,
prêtes à répondre à qui vous arrêterait, comme Mar-
tine à Sganarelle : Et s'il me plaît, à moi, qu'il me
donne des coups ?

Le sermon vous procure un chatouillement irri-
tant et désirable.

Vous trouvez un plaisir pervers à cette flagellation
morale, à ces violences qui vous fouaillent, à ces

aiguillons qui vont fouiller les plus secrets replis de votre âme, et cela en public, impunément, sans que nul ne puisse soupçonner votre douloureux plaisir, ni votre délicieux supplice, sans qu'un trait de votre visage ne bouge, sans qu'une rougeur légère vous trahisse, et cela est exquis comme quelque jouissance secrète et illicite au milieu et à l'insu d'une foule. Au portrait de la pécheresse que le sermonnaire, du haut de la chaire, trace en traits heurtés et violents, vous vous reconnaissez tacitement par endroits, et vous vibrez quand le rayon lumineux de la vérité sacrée éclaire et caresse en passant les plaies ou les cicatrices de votre cœur.

Le sermon a une grande supériorité effective sur le théâtre. La comédie aussi est un miroir de nos vices, et un sermon par l'exemple. Comme dans la bouffonnerie de Fagan, *les Originaux*, où un père corrige son fils de ses défauts en faisant apparaître devant lui un défilé de types affligés de ces mêmes vices, le théâtre nous met sans cesse devant les yeux nos portraits, les reflets de nous-mêmes, de nos travers, de nos mauvaises habitudes. Mais il affiche une prétention mal justifiée, en portant à son fronton la fameuse devise : *Castigat ridendo mores*, il châtie les mœurs en riant. Non. Le théâtre n'a jamais corrigé personne, et son action morale est faible. Il n'y a pas moins d'avares depuis Harpagon, ni moins de poètes depuis la Métromanie. La raison de cette impuissance est, qu'au théâtre, les traits frappent les esprits sans porter jusqu'au cœur. Personne ne se fait l'application de la satire, et chacun ne reconnaît que le voisin. On prend rarement pour soi les malices des autres.

Combien le sermon est plus pénétrant, plus personnel, plus incisif ! Il va *ad hominem*. Le prédicateur, bien qu'il parle devant une foule, s'adresse globalement à des individualités dont chacune peut prendre la leçon pour elle seule, et peut croire que la parole s'adresse à elle. Chacun a son paquet, ou plutôt tout le monde a le même paquet, et il convient à tous. C'est comme ce petit pain avec lequel le Christ nourrit un jour tout un peuple. Il suffit d'un pour tous.

Il change seulement de forme et de goût selon les temps, et le sermon d'aujourd'hui n'est plus celui de jadis. Je dirai presque que c'est dommage, et que si le P. Menot, Bossuet, Bourdaloue, Massillon ou Lacordaire revenaient, la chaire les reprendrait volontiers.

Le sermon a eu son évolution. Ses débuts offrent un curieux mélange de français et de latin macaronique, d'injures grossières, de trivialités et d'ordures.

Le langage des sermonnaires du xvi⁰ siècle est d'une vigueur, d'une crudité telles que la transcription est généralement impossible. Le P. Menot, le P. Maillard, sont d'une virulence et d'un réalisme qui défient la citation.

Le P. Maillard frappait comme un sourd. Il criait à ses ouailles :

— O gros goddons ! ô gros goddons ! Damnés ! Infâmes ! Inscrits au Livre du Diable ! Voleurs ! Sacrilèges ! Écoutez le conseil de David ! »

Ces sermonnaires de jadis se démenaient furieusement ; leur éloquence était épileptique.

« Ho ! vous ! les dames de la cour ! il faut laisser vos fleurettes ! Holà ! vous, le bonnet rouge, jeune gaudisseur ! Avez-vous fini de regarder votre voisine ? Il n'y a pas de quoi rire ! Non ! que dites-vous, seigneurs ? Êtes-vous de la part de Dieu ? Baissez le front ! Le prince ! La princesse ! Baissez le front ! Vous autres, gros fourrés ! Baissez le front ! Et vous aussi, gentilshommes, et vous, fines femelles de cour ! Vous êtes inscrits au livre des damnés, et votre chambre est toute marquée chez les diables. »

Voilà quel était le ton, quand il demeurait convenable. Le P. Arnoux, chanoine de Riez, s'exprimait ainsi à l'égard des femmes qui portaient des faux cheveux :

« Femmes vaines et pompeuses, par punition de l'ornement débordé que vous faites à vos cheveux, et du déguisement de vos sourcilleuses perruques, savez-vous ce qu'il adviendra de vous aux enfers ? Vous aurez la tête pelée, et là, on ne vous verra plus de ces perruques élevées en forme de casemates sur les fronts emperlés. Et pour châtiment de vos superbes habits, en enfer vous serez toutes nues à votre grande honte et confusion, de quoi les diables feront de très grandes risées. Ha ! femmes ! Ha ! damoiselles ! Ha ! veuves mignardes ! Que pensez-vous à cela ? Hélas ! vous êtes si vergogneuses dans vos salons et vous craignez tant la honte, que pour rien au monde vous ne voudriez permettre qu'un homme vous vît nues une seule fois ; et cependant vous ne vous avisez pas que pour punition de vos vanités et de vos perruques, mille et mille fois on vous traînera nues par tout l'enfer, non devant un homme, mais devant cent mille qui, à gorge déployée, se moqueront et riront de vous. Quelle sera donc votre confusion, quand vous vous verrez ainsi traînées toutes nues, montrant à découvert tout ce que vous aurez de honteux, et promenées ainsi par toutes les avenues de l'enfer avec la fanfare des trompettes que les diables sonneront en moquerie, criant : « Voyez ! voyez ! voici la paillarde, voici la catin. (Il y a même un autre vocable plus dur encore). Là, cent mille et cent mille te connaîtront ; là seront à te regarder tes parents, ton père, ta mère, ton mari, tous tes voisins qui se gausseront et diront l'un à l'autre : « La voilà, la catin, la voilà ! » Sus, furies infernales, qu'on lui rende autant de tourments et supplices qu'elle a eu de plaisirs mondains ! Femmes, ce n'est pas moi, c'est saint Jean l'Évangéliste, dans son Apocalypse, qui affirme cela être véritable ! »

Quant aux sermons sur la luxure, ils seraient aujourd'hui poursuivis en justice par la ligue contre la licence des rues.

Il faut croire que l'attention n'était ni soutenue ni aisée à prendre, si l'on en juge par les bizarreries parfois fantastiques auxquelles les prédicateurs se livraient. L'un d'eux, un jour, vit que son auditoire lui échappait, était distrait, ne l'écoutait plus et s'endormait. Il tira de sa poche une raquette, et il se mit à jouer au volant en pleine chaire. Cet exercice inopiné rendit l'auditoire attentif ; tous se réveillèrent les uns les autres pour se montrer le bon Père atteint de folie et jouant à la raquette durant le prêche. Quand il les vit tous éveillés, le sermonnaire s'arrêta de jouer et leur dit d'une voix en colère : « Eh quoi ! quand je vous prêche les saintes vérités, vous dormez, et vous ne vous éveillez que pour me voir jouer au volant ! »

Et il les accabla d'injures.

Sous Louis XIV, le sermon fut une parade, quelque chose comme une séance de réception à l'Académie. La Bruyère le constatait :

« Le discours chrétien est devenu un spectacle. Cette tristesse évangélique qui en est l'âme ne s'y remarque plus. Elle est suppléée par les avantages de la mine, par les inflexions de la voix, par la régularité du geste. On n'écoute plus sérieusement la parole sainte. C'est une sorte d'amusement entre mille autres, c'est un jeu où il y a de l'émulation et des parieurs. »

Le sermonnaire faisait des traits, des mots d'esprit, des pointes, des concetti, il citait tous les auteurs profanes les plus légers, se répandait en des digressions de rhéteur, se faisait friser les cheveux, et soignait ses mains.

On applaudissait aux bons endroits. On n'applaudit plus à l'église. C'est l'usage, dont peut-être plus d'un orateur gémit. Mais le philosophe païen Musonius l'avait déjà dit jadis. Quand l'auditoire donne des signes d'approbation, alors soyez persuadé que l'orateur et ses auditeurs perdent leur temps, et qu'il n'y a pas là un philosophe qui soigne des âmes, mais un joueur de flûte qui amuse les oreilles.

Bossuet étonna par sa fougueuse éloquence qui culbuta ces mièvreries, et haussa l'éloquence religieuse à la cime du lyrisme le plus grandiose et le plus majestueux. Il offrit le spectacle d'une foi sublime et intransigeante inspirant les plus tragiques accents que les murs du temple aient jamais entendus.

Bossuet laissa ses papiers à son neveu l'abbé Bossuet, qui fut évêque de Troyes. Ces papiers étaient si fort embrouillés qu'on n'a pas fini aujourd'hui encore de les démêler. Parmi eux se trouvaient les fameux Sermons, sous forme de minutes incomplètes, car Bossuet n'écrivait pas d'un bout à l'autre. Il

improvisait beaucoup, après de longues méditations.
Il ne mettait par écrit que ses grandes pages. Il ne
publia rien de son vivant, persuadé que la parole
sacrée ne doit pas chercher les succès du livre. Il
n'imitait pas certains de ses confrères, comme le Père
Sénaut, qui installait vingt sténographes au pied
de la chaire pendant l'audition, en vue de l'impression.

Les papiers de Bossuet ne contenaient donc que
des morceaux de sermons. Mais les morceaux étaient
bons. Ce fut l'avis du neveu. Il ne publia rien, il
n'eut garde de rien publier. Quand il montait en
chaire, il récitait un sermon de son oncle appris par
cœur. Il n'y mettait aucun scrupule. Cela ne sortait
pas de la famille.

Il rendait même à des amis de son diocèse, qui
avaient à prêcher, le service de leur prêter ces frag-
ments. Bossuet a ainsi, défrayé l'éloquence bour-
guignonne pendant un demi-siècle.

Bourdaloue et Massillon lui ont succédé différem-
ment, l'un par la logique drue et rigide, l'autre par
la grâce mondaine et la douceur assouplie, dont l'enseignement eut parfois des mécomptes.

Massillon prêcha un jour contre l'usage des mouches que les femmes s'appliquaient sur le visage, et
aussi contre l'abus du décolletage. Il protesta contre cette honteuse exhibition que les femmes faisaient
de leurs charmes rebondis. Eh ! quoi ? Il ne man-
quait plus que d'attirer le regard sur cet endroit-
là par quelque mouche impertinente.

Imprudent prédicateur qui avait donné le conseil
en donnant la leçon ! Dès le lendemain, au bal de
la cour, des dames parurent aussi décolletées qu'auparavant, et elles portaient une mouche sur le sein.

Par reconnaissance pour l'inventeur, on appela ces mouches nouvelles « des Massillonnes ».

Voilà un sermon qui avait mal rempli son objet. Il ne faut pas le regretter, si le résultat fut heureux, et si la femme dut à l'Église un attrait de plus, qui la rendit plus charmante, et qui accrut le mérite des hommes capables de résister à son pouvoir. C'était un moyen détourné par lequel le ciel voulut exposer le sexe fort à une tentation de plus, pour exercer sa vertu et lui valoir le royaume de son Père. C'est la grâce que je vous souhaiterais, madame, si je pouvais admettre qu'il vous manquât une grâce.

Le printemps et le parfait secrétaire des amants

Madame, le printemps approche. Le marronnier du 20 mars se prépare à vêtir son manteau de verdure. Tout sourit dans la nature. Jenny l'ouvrière chante à gorge déployée :

> Quand à ma fenêtre,
> Le soleil paraît,
> Je sens qu'en mon être
> Le bonheur renaît,
>   Ah ! Ah ! Ah !
> J'effeuille une rose,
> Je prends mon tricot
> Et souvent j'arrose
> Les fleurs de mon pot
>   Ah !

Il renaît le bonheur ! Chantez ! chantez l'Églogue de Virgile à Pollion ! Du temple de Janus fermez les portes !

Tandis que ce murmure d'amour, de solidarité, de fraternité, de mutualité, de coopération, d'union, de concorde fait ressembler la terre à une jeune épousée, tout le petit peuple, menus employés et jeunesse ouvrière, songe à sceller cet accord par des bals et des épousailles,et devient une clientèle fidèle pour ces librairies populaires, où l'on peut se fournir à juste prix de déclarations d'amour et de billets galants.

C'est un coin curieux de la bibliophilie, et puisqu'il est question d'amour, je n'ai pas hésité, madame, à vous y conduire. Il y a seulement quelques marches à descendre.

Ils sont amusants, ces petits manuels, florilèges et recueils dont la noble mission est d'entretenir parmi le peuple ces anciennes et chevaleresques traditions de galanterie qu'illustrèrent Bertrand de Born ou Thibaut de Champagne.

Ces modestes recueils sont généralement destinés à aider l'imagination paresseuse ou maladroite du gas inexpérimenté en littérature, et qui cherche ses mots en tournant sa casquette entre ses gros doigts. Il feuillette ces petites anthologies démocratiques à deux sols, et il trouve toujours dans le tas quelque chose qui a trait à ce qu'il veut dire. Car il n'y a rien de si monotone et de si peu varié que l'amour. C'est toujours la même chose. Il est facile de tout prévoir. L'amour est un recommenceur.

Il faut jouer cartes sur table. Madame, je ne vous cèlerai pas plus longtemps les artifices de séduction dont dispose le sexe fort pour arriver à faire chavirer votre vertu. Ils sont dans une enveloppe fermée qu'on trouve dans le commerce à bas prix avec cette suscription simple et claire : « Conseils confidentiels aux jeunes garçons de dix-huit à trente ans parmi lesquels ils trouveront la meilleure manière, d'hypnotiser les demoiselles et de s'en faire aimer passionnément. »

Le titre est affriolant, et plus d'un convoite ce Sésame. Je déchirerai pour vous cette enveloppe, et je vous livrerai les pièces de notre arsenal. Voici :

« Ne croyez pas, jeunes gens naïfs, qu'il faille, pour plaire aux demoiselles, être absolument beau et avoir énormément d'esprit ; vous seriez dans l'erreur la plus profonde. Pour hypnotiser les demoiselles et les prendre au piège que vous leur tendez, il suffit d'être un tant soi peu malin. Une fille vous plaît ? La première chose que vous devez faire, c'est de l'obliger à vous remarquer. Trouvez-vous souvent sur son passage et ne manquez pas chaque fois que vous la rencontrez de lui adresser la parole. Dites-lui n'importe quoi, ce qui vous passera par la tête, une banalité, un rien, mais dites-lui quelque chose : « Il fait chaud ! Il fait froid ! Il va pleuvoir ! » Si elle ne vous répond pas tout d'abord, ne vous rebutez pas; c'est qu'elle veut faire la mijaurée, ou qu'elle a peut-être une autre amourette en tête. Ne vous inquiétez de rien. En persévérant, elle finira par vous répondre une banalité ; quand vous verrez que cela commence à mordre, risquez un petit compliment, celui-ci par exemple : « Comme vous êtes fraîche ce matin, mademoiselle ! A la bonne heure au moins ; cela fait plaisir de voir une mine aussi rose ! » Et tout en disant cela, cherchez ses regards, et tâchez qu'ils se rencontrent avec les vôtres. Ne craignez pas de la faire rougir. Au contraire, si elle baisse les yeux et si ses joues se colorent, c'est signe que vous exercez un certain empire sur elle et que vous ne lui êtes pas indifférent. Le lendemain et le surlendemain accentuez encore les compliments et faites naître, le plus adroitement possible, l'occasion de lui offrir un bouquet. Si elle l'accepte, vous n'avez plus qu'à enlever la citadelle d'assaut. »

Tel est l'ordre et la marche. Cela se vend deux

sous. C'est pour rien, si du moins on met en balance la modicité de cette taxe et le prix inestimable du résultat.,

Ce n'est que la théorie. Venons aux conseils que cette littérature démocratique nous procure pour l'exécution expérimentale et la pratique du jeu de l'Amour.

Ces petits manuels conjecturent tous les cas avec une ingénieuse perspicacité. Vous avez là tout ce qu'il faut pour écrire, et on donne aussi le modèle pour les réponses : lettre à une voisine, à une veuve, à une demoiselle aperçue par la croisée, ou à une demoiselle qui sort du couvent, ou à une demoiselle que le jeune homme quitte parce qu'il est forcé de se marier, et même à une demoiselle délaissée avec le fruit malheureux de son amour.

Vous voyez que tout est prévu. Que c'est donc commode !

Voici ce qu'il faut écrire à une voisine :

«Mademoiselle, depuis six mois que je vous vois passer devant la porte de ma chambre, je suis épris de votre personne. Avant d'oser vous apprendre l'impression que vous faites sur mon esprit, j'ai longtemps combattu mon désir, et, me faisant un fantôme d'une action pourtant si naturelle, j'ai déchiré plus de vingt papiers ; puis après avoir consulté la pureté de mon cœur, je n'ai pas hésité. Il m'est impossible de comprimer plus longtemps l'amour que vous m'avez inspiré. J'ai eu souvent l'occasion d'engager mes sentiments, et c'est toujours votre souvenir qui m'en a empêché. 'En vous contemplant, j'ai ressenti dans mon intérieur un transport qui m'était inconnu, et en l'analysant (sic) j'ai vu que c'était un feu que rien désormais ne pourrait éteindre. Le soir, j'aperçois sous votre porte la raie de lumière que fait le flambeau qui vous éclaire ; je vois votre ombre sur le carreau peint au siccatif (*sic*) ; alors, mon cœur tressaille, et par la pensée, pénétrant dans votre réduit, ou vous attirant dans le mien, je suis près de vous, je vous parle de mon amour et j'admire à mon aise les charmes dont la nature vous a dotée. La nuit, pendant que vous sommeillez, il me semble entendre votre douce haleine embaumée à travers le mur et cette délicieuse occupation me tient éveillé jusqu'au lever de l'aurore. A' présent que vous savez, j'attends de vous tristesse ou réjouissance. Je ne vous propose pas, mademoiselle, de partager un amour passager, ou qui pourrait nuire à votre réputation. Je veux m'unir avec vous par une chaîne éternelle. Né de parents honnêtes, exerçant une profession lucrative, je puis facilement vous rendre heureuse. Prononcez-vous, et surtout que votre réponse ne soit pas désespérante, car en fixant toutes mes espérances sur la possession de votre personne, je succomberais à la peine. Je compte sur votre adhésion. Ne soyez point cruelle, car vous me prouveriez qu'il n'est point de femme parfaite, puisque, alors, le ciel vous aurait donné un défaut au milieu des précieuses qualités que vous possédez, et que je salue avec un respect très profond. »

Voilà le ton en général. A cela, la demoiselle doit répondre :

« J'étais fort éloignée, monsieur, de savoir que je suis quelquefois l'objet de votre réflexion, et si j'ai souvent vu vos regards fixés sur ma porte, je n'ai dû attribuer cela qu'au hasard et à la disposition des lieux qui force presque nos yeux à se rencontrer. Je ne sais point s'il est raisonnable de ma part de répondre favorablement à votre lettre, mais une inclination peut-être naturelle me faisant partager vos sentiments, je n'hésite pas à vous dire que si j'étais sûre de votre sincérité, je désirerais faire avec vous une plus ample connaissance. Votre conduite m'a toujours paru régulière, et vos habitudes, si elles sont bien naturelles, me semblent celles d'un jeune homme qui a du cœur. D'un autre côté, relativement aux sentiments que vous dites éprouver envers moi, peut-être leur ajouterai-je créance, car je vous ai toujours vu seul dans votre chambre, et, depuis six mois la plus légère trace de femme ne s'est pas présentée à ma vue dans les personnes qui vous ont rendu visite (*sic*). Je vous remercie des sentiments que vous étalez pour moi dans votre lettre, quoique la louange m'y soit prodiguée avec profusion. Je crois que nous pourrons nous arranger. Par caractère, j'aime peu l'isolement, et si j'ai la chance de tomber sur un garçon délicat et probe, je m'applaudirai d'avoir fixé vos regards et de me soustraire à la monotonie de ma solitude. »

Voilà, dans les grandes lignes, ce qu'on peut répondre, en accommodant les détails. Il y a aussi le militaire qui écrit à une demoiselle de la ville où il est en garnison. Il sait « le fatal, l'injuste préjugé qui s'attache à l'habit que je porte », et le peu de confiance que le sexe aimable attache aux paroles d'un frivole soldat. « Cette idée m'accable en ce moment ; au nom du ciel, foulez aux pieds le préjugé dont un militaire est victime. » Il est de bon ton que la demoiselle réciproque ainsi :

« Un bizarre préjugé, qui pourtant fait loi, rend une demoiselle méfiante toutes les fois qu'un militaire lui adresse un propos d'amour ; c'est une grande injustice sans doute, mais qui passe pour de la prudence. »

Elle est naïve et pittoresque la « Bibliothèque amoureuse » populaire, et combien philosophique ! D'autres mettront dans la forme plus de politesse et d'esprit, d'autres seront plus fins et plus mondains par le ton et l'élégance du style ; au fond, ils voudront dire et demander la même chose, et le jour où ces délicats seront pris et pincés au cœur, ils seront plus naïfs et plus bêtes peut-être que nos modestes épistoliers dont nous avons lu les spécimens ; et la femme aimée leur saura gré de leur bêtise, car c'est preuve que le cœur est pris, quand l'esprit n'est plus libre. Écoutez et méditez cette sagace pensée du charmant Xavier de Maistre :

« Tout homme qui entre en conversation avec une belle en disant un bon mot ou en faisant un compliment, quelque flatteur qu'il puisse être, laisse entrevoir des prétentions qui ne doivent paraître que quand elles commencent à être fondées. S'il fait de l'esprit, il est évident qu'il cherche à briller et, par conséquent, qu'il pense moins à sa dame qu'à lui-même. Or, les dames veulent qu'on s'occupe d'elles ; elles possèdent un sens exquis et naturel qui leur apprend qu'une phrase triviale, dites pour le seul motif de lier la conversation et de s'approcher d'elles, vaut mille fois mieux qu'un trait d'esprit inspiré par la vanité. »

On ne saurait mieux dire ; après cette explication, gardez-vous, madame, de jamais trouver de l'esprit à ce que je vous dis ; vous me désobligeriez.

Mais nous ne sortirons pas de la boutique, si vous voulez bien, avant d'avoir encore pris sur le comptoir et ouvert ce petit volume imprimé sur papier à chandelle, broché en jaune, marqué trois sols, et intitulé : *Clé des Songes.*

C'est le complément de cette anthologie plébéienne de l'Amour.

Songe, songe, Céphise ! Un songe ! Me devrais-je inquiéter d'un songe ? Vous avez dit cela bien souvent, madame, après Athalie, votre aïeule par les femmes, et toujours, tout de même, vous êtes revenue à votre rêve, jusqu'à ce que la nuit l'ait remplacé par un autre, ou jusqu'à ce qu'un événement se soit rapporté à ce que vous rêvâtes. Nous avons beau faire, nous sommes esclaves des songes, et cela est délicieux. Car, ainsi, nous vivons deux fois. Et il est bien difficile à nous de déterminer laquelle des deux est notre vie véritable, celle du rêve ou celle de la veille.

Qui sait si ce que nous appelons la vie n'est pas un songe prolongé, envoyé à l'humanité qui dort ?

Ceux qu'on appelle les endormis, ce sont des gens qui rêvent moins fort ce rêve de la vie; ils appartiennent, mieux que les tempéraments actifs, à l'au-delà, au monde supra-sensible, à ce néant dont nous venons et où nous irons, ils participent davantage à la nature céleste et surhumaine, ils plongent plus avant dans le marasme universel, dans le silence effrayant de l'infini, dans l'immobilité divine et stupide des choses, dans la nirvana des espaces immuables et engourdis. En somme, les endormis, qui paraissent niais, bêtas et gauches, au regard frivole et superficiel des mondains et des séculiers, ce sont des demi-dieux sur terre.

Vous connaissez, je n'en doute pas, madame, l'origine des songes telle que l'explique dans l'*Énéide*, Virgile, qui y a été voir. Les songes sont des divini-

tés ailées, diaprées, légères et vaporeuses, qui viennent des régions subterranéennes des Champs-Élysées. Elles sortent de là par l'une ou l'autre des deux
portes qui s'ouvrent devant elles à leur issue. L'une
des portes est d'ivoire : elle est réservée au passage
des ombres qui deviendront sur terre des personnages réels, comme vous et moi ; l'autre porte est de
corne, elle livre la route aux ombres fallacieuses et
fictives, qui amuseront ou épouvanteront dans les
rêves le sommeil des humains, qui se nourrissent de
farine. Shakespeare assure que ces légers personnages sont régis par une petite reine, grosse comme
l'agate au doigt d'un alderman, et traînée par un
attelage de menus atomes. C'est possible.

Mais les voilà, les songes eux-mêmes, dans cette
estampe populaire qui précède le précieux sélam
d'Ebbork, la *Clé des Songes,* livre de chevet des bonnes femmes, imprimé sur papier grossier et vendu
quelques sols parisis. Les voilà, les songes, ce sont
ces petits lutins noirs et ailés qui gambadent dans
l'ouverture de la fournaise infernale.

Dans des cirus nuageux, un magicien, vêtu d'une
robe ample et coiffé du cornet pointu, est assis comme
un roi de David sur un arbre de Jessé, et montre de
sa baguette une femme blanche, penchée sur l'urne
du sort, à un jeune homme endormi, couché sur le
sol, et qui ressemble à Lamartine ou à Baour Lor-
mian.

Songes fumeux, songes glorieux ou terribles,
accourez devant votre maître et divinateur, qui vous
dévoilera pour deux sous. Songe d'Agammemnon,
songe d'Énée, songe d'Atossa, songe de Clytemnestre,
songe de Henri IV, songe de Polyeucte, songe d'une
Nuit d'Été, songe d'Athalie ! Que les temps sont

changés ! Jadis, l'augure était un être sacré qui touchait de gros appointements avec des égards. Las ! aujourd'hui, il logerait piteusement dans la roulotte verte d'une élève extra-lucide de Mᵐᵉ Lenormant.

Il faut l'ouvrir, ce banal manuel d'onirocritie, ce petit livre naïf et mystérieux, illustré d'images maladroites et écrasées, dont les personnages ont la grâce de magots taillés à coups de serpe dans du bois de gaïac. Cet opuscule vulgaire a comme un caractère sacré et hermétique, et le sourire n'effleure pas les lèvres en regardant ces vignettes gauches qui symbolisent pour le peuple le grand mystère de l'au-delà. Quoi de plus troublant que les rêves, ces balbutiements des facultés mal assoupies, qui remuent sans force ni raison, comme un crabe engourdi de froid bat l'air de ses pattes alanguies. Quel état plus troublant que ce demi-sommeil, si ce n'est cette mort passagère qui est le sommeil même ?

Pour le populaire, l'intérêt de ce sélam des nuits est dans l'interprétation matérielle des signes que le sommeil nous fait lire. C'est une symbolique, mais qui n'est pas chrétienne, à en juger par la note générale de ces traductions oniromanciennes, car rêver d'une abbesse signifie plaisir et débauche. Rêver de l'Académie française — cela vous arrive-t-il, madame ? annonce des pleurs. Fi ! le fâcheux augure ! Quelle onirodynie ! Le piquant de ces révélations, c'est la variété des cas prévus, et ils sont le plus souvent bien imprévus. Il n'est pas banal de rêver de l'Académie française. A part quelques candidats, peu de personnes, j'imagine, sont hantées et visitées par ce songe creux. Il ne doit pas être beaucoup plus fréquent de rêver qu'on *mange de l'aigle*. Si cette illusion charme un jour votre somme, sachez, madame, que c'est signe de « douleur amère ». Rêver d'un automate, — tout est possible, — annonce des enrôlements pour une guerre prochaine.

L'oniromancien est hostile à l'état conjugal et assimile le mariage à la prison.

Rêver de bougie veut dire au choix : veuvage ou prisonnier délivré.

Au demeurant, il est consolatif, car les pires choses ont avec lui leur compensation. S'il manque de charme de rêver qu'on vous arrache « des dents », ce malheur est payé de la joie et de l'assurance de faire un grand héritage. Rêvez-vous que vous assistez à une dispute violente d'hommes ? Par là l'oracle vous annonce un « déjeuner confortable ».

Il y a nécessairement des songes qu'il ne faut pas dire, et que seul le poète Horace se rendant à Brindes, pouvait raconter en bravant l'honnêteté dans son latin. Mais souvent la forme de l'explication a des ingénuités exquises. Il y a sans doute une arrière-pensée révolutionnaire contre Trianon dans le sens attaché au rêve où l'on boit du lait : « Tu seras caressé par une courtisane ! » Attrape, Marie-Antoinette ! Cet oracle est d'ailleurs ostensiblement républicain, car la monarchie y est vilipendée : « Rêver du roi, c'est cocuage et profit ! » Hé ! là, tout doux !

Quand une jeune fille rêve de lauriers, ce songe ne lui annonce nullement les palmes académiques ou le prix Toirac. Non, c'est l'approche de cette minute qui, de demoiselle, la fera autre chose. Il est bon, après ce rêve-là, qu'elle se tienne sur son quant à soi.

Il y a des rêves infamants. Qui dira pourquoi rêver d'un tabouret, veut dire : « Plaisirs publics et honteux ? »

Rêver de « nez », — oh ! l'étrange chose ! — mérite qu'on y fasse attention, car ce prodige désigne « qu'une femme est occupée, pour juger un homme, à procéder du connu à l'inconnu » — tout bêtement. Et cette autre hypothèse ! Ces oniroscopes sont d'aimables plaisantins tout adorables. Mais il faut transcrire dans l'intégrité le texte :

« Voir son nombril, c'est être dans la bonne voie pour le royaume des cieux ! »

C'est mauvais augure de rêver qu'un mort vous tire à lui : « Vous êtes perdu sans miséricorde. » Les Turcs, en faisant intrusion dans vos songes coutumiers, marquent votre « prochain asservissement ». Tomber dans la mer présage des contrariétés : ajoutez que celles-ci commencent dès le rêve. A l'opposé, voir une jolie femme dévêtue est l'assurance de souhaits satisfaits. Balayer des ordures marque que l'on va fuir la maison paternelle.

Ce sont là des rapports lointains et mystérieux d'effet à cause. Les prémisses ne font pas prévoir les conclusions. Mais que savons-nous de rien ? Ce qui nous semble éloigné ou étranger est ou peut être tout proche ; il y a des affinités, des intimités inconscientes ; l'inconscient explique et justifie tout, il supplée aux religions impuissantes, aux sciences occultes, aux théories du hasard, à toutes les explications les plus complètes de ce que nous ignorons et de ce qui nous étonne. Les songes, ce sont les rayons de la conscience : ils éclairent des régions insoupçonnées et des rapports crus improbables. Ce sont des lueurs sur l'inconnu et l'inconnaissable.

Même en dormant la satire ne perd pas ses droits, et l'onirocritie est dure aux gens en place. Celui qui, dans son sommeil, croit qu'il devient idiot, « recevra les bienfaits de l'autorité ». S'il rêve de limaçon, c'est donc qu'il « rentrera dans le fonctionnarisme ». Voyez un peu la malice ! Au surplus, « il recevra des honneurs publics », s'il rêve d'oies.

Et si je rêve de vous, madame ? J'ai cherché le mot « lectrice » dans le catalogue cabalistique. C'est « peine » le matin et « joie » le soir, comme pour les araignées.

Je m'en excuse.

L'Hirondelle

A propos de printemps, madame, puisque nous en parlons, une histoire d'hirondelle sera ici comme de cire. Si une hirondelle ne fait pas le printemps, elle l'annonce.

Vous n'êtes assurément pas, madame, sans avoir entendu parler de la belle Mme D..., et peut-être la connaissez-vous. Il m'étonnerait que vous n'ayez jamais franchi la porte de son petit hôtel de la rue R..., (je précise à dessein), où il est du bon ton et du bel air d'aller prendre le thé après le théâtre, de minuit à une heure. On y rencontre des gens exquis, élégants causeurs et femmes intelligentes, qui ratiocinent avec légèreté sur le récent fait du jour.

Comme j'y fus l'autre soir, il n'y avait pour tenir compagnie à la belle maîtresse de la maison, qu'une jeune personne blonde, aux yeux profonds, de ces yeux qui semblent refléter des paysages lointains de pays inconnus, des yeux de Danoise ou de jeune Sibérienne. Il y avait là aussi un vieux général, familier de la maison. Mais cela n'a aucune importance pour ce qui va suivre.

Dans la douce lumière des abat-jour de dentelle se jouant sur les bibelots, les bronzes, les ivoires, les jades et le sucrier du thé, mon amie était jolie comme à son ordinaire, — car il ne faut jamais dire à une femme qu'elle est jolie aujourd'hui, — mais je

surpris, à un imperceptible froncement des sourcils,
une contrariété ou une compassion. Je ne me trom-
pais point, car elle me dit :

— Vous arrivez à point nommé pour dérider ma
petite sauvage, dont la tristesse me fait peine.

En me présentant, elle la nomma et j'entendis
quelque chose comme Nadina. Vous savez qu'il n'est
rien de tel pour ignorer le nom des gens que de leur
être présenté, car ce ne sont pas les quelques syl-
labes informes que vous entendez qui vous peuvent
renseigner. Je jugeai pourtant que j'avais devant moi
un charmant spécimen de ces races du Nord, dont
notre temps raffole et que Lugné-Poë révère. Je
compris aussi que Mme D... s'intéressait à cette Nor-
dicante, et que celle-ci avait un chagrin. Comme il
n'est rien de tel que de savoir pour ne pas ignorer,
je demandai la cause, si tant était qu'elle pût être
demandée sans indiscrétion. Avec un petit accent
qui était joli, parce qu'il était dans sa bouche, mais
qui me siérait mal à moi, par exemple, elle se fit fort
prier, prétextant que nous allons rire d'elle, que
c'était ridicule ; enfin, elle parla ainsi :

— « Dans mon pays, derrière le lac Hielmar, dans
le Westmauland, nous autres femmes, nous ne sommes pas féministes. Le théâtre d'Ibsen n'est pas
notre Bible. Il est tout au plus notre code Dans la
réalité nous sommes toutes des révoltées. »

— Oh ! monosyllabai-je en français.

J'ajoutai en anglais :

— Révoltées contre qui ?

— Contre l'Univers.

— La raison ?

— Rien n'est plus mal fait, tout cela est bâti de
façon pitoyable et malpropre. Et quant aux lois qui

régissent le monde ! ah pouah ! C'est à croire qu'elles ont été élaborées par une Chambre de députés. Je le pensais hier, je le pensais ce matin ; mais ce soir, après les événements de ces derniers jours et leur dénouement, le cœur me lève à la pensée qu'il faut vivre. »

Convaincu qu'elle alludait à la politique, j'allais défendre mon temps en évoquant par manière de parallèle les scandales du Parc aux cerfs. J'eusse fait fausse route, ainsi qu'il appert par la suite. Elle continua :

— De mes fenêtres, j'ai vue sur un immense pan de mur qu'un chocolatier a fait badigeonner en bleu et blanc par matière d'enseigne ou de réclame. Les soirs d'été, les hirondelles font mille circuits devant ce mur, dont les trous cachent leurs nids, et dont la nappe bleue leur rappelle peut-être la Méditerranée. Je me plais à suivre de l'œil les méandres de leur vol. L'autre matin, Nadia, ma camériste, vint éplorée me dire : « Ah ! madame ! Il y a une hirondelle qui se meurt ! » J'allais voir. C'était affreux. Au centre du grand pan de mur, il y avait un clou auquel un ouvrier imprévoyant avait laissé prendre un bout de corde, dans la boucle de laquelle la pauvre bête avait toute son aile engagée. Elle était prisonnière et pendue. Pour la sauver, il eût fallu qu'une main amie la soulevât toute, et fit sortir l'aile du nœud coulant. L'infortunée se débattait déjà plus mollement. « Ah ! madame ! me disait Nadia éplorée, elle est là depuis cinq heures du matin !» La malheureuse hirondelle était à bout de forces. De temps en temps, elle se raidissait, faisant effort contre la muraille avec ses pattes, et ne réussissait par ses soubresauts qu'à faire entrer plus avant l'aile dans la boucle. Un soleil ardent dardait ses plus vifs rayons sur cet océan de cobalt, où se mourait la petite naufragée, épuisée de chaleur, de faim, de soif, de fatigue et de terreur. Car elle la voyait venir la mort, la pauvre petite hirondelle ! De ma lunette braquée, je la regardais, toute émue et révoltée, et il me paraissait que l'innocente bête me dévisageait avec ses yeux chargés de supplications et de haine. Il me semblait que, si elle eût pu parler, je l'eusse entendu me dire : « Race maudite des hommes ! De quel droit bâtissez-vous des maisons à six étages avec de grands pans de mur, sur lesquels des ouvriers infâmes, instruments d'un chocolatier cupide, mettent des clous et des ficelles de mort ! Est-ce pour cela que Dieu m'a créée, moi la reine des airs, qu'ont chantée les poètes, et qui ai pour empire l'infini bleu du ciel ! » Oui, je croyais l'entendre. Une fièvre me prit de voler à son secours. L'endroit était inaccessible. Par les fenêtres ni par les lucarnes, on ne pouvait arriver jusqu'à la martyre. Je demandai des échelles ; elles étaient ridiculement trop courtes. D'ailleurs, personne ne s'associait à ma douleur. Il fallait escalader ce mur avec des crampons, risquer sa vie. Cent hommes l'eussent fait pour cent sous, s'il se fût agi de repeindre l'enseigne du chocolatier. Pas un ne le voulut pour sauver l'hirondelle. Alors une idée soudaine me traversa l'esprit. Je courus dans la rue, je me précipitai vers une borne de secours, et je sonnai les pompiers. Cinq minutes après, ils arrivaient avec l'échelle libératrice, deux fois plus haute qu'il ne fallait pour atteindre l'hirondelle. Selon les instructions gravées sur la borne, j'étais demeurée là. Des gens s'arrêtaient ; des groupes m'entouraient. Le capitaine me demanda l'adresse du sinistre. A peine

lui avais-je expliqué qu'il s'agissait du sauvetage
d'une hirondelle, qu'il remonta sur son siège en
jurant comme un païen, et en m'assurant que si je
n'étais pas une femme, cette plaisanterie m'eût coûté
cher. Les hommes des groupes riaient. J'entendis
ces mots : « C'est une folle. » Je ne pus m'empêcher
d'invectiver ces brutes. Un agent survint, me demanda
de quoi il s'agissait, et où était mon domicile. Il
sourit, m'exhorta à rentrer, et il me parlait doucement, comme on parle aux malades quand on redoute
un accès. Je regagnai ma chambre et je fondis en
larmes. Je n'osais m'approcher de la fatale fenêtre ;
enfin j'y allai. L'hirondelle ne bougeait plus. Je la
regardai longtemps. Sa tête pendait ; ses petites
pattes crispées demeuraient inertes ; c'était fini. Le
soleil de midi dardait ses feux sur ce cadavre aérien.
Je ne sortis pas de la journée. Pour un peu, je me
serais surprise à murmurer les prières des morts. La
nuit, j'eus des cauchemars ; je voyais le corps de
l'hirondelle démesurément agrandi, et il en sortait
sans trêve ni relâche, des essaims affairés de grosses
mouches. Je me levai tard, la tête lourde. La pluie
fouettait les vitres et l'orage grondait. J'allai vivement à la fenêtre. La bête n'était plus au mur.
L'averse avait pourri la corde, et le cadavre était
tombé sur le toit de l'écurie située au pied de la
muraille. Il avait glissé dans la rigole et il y surna-
geait emporté par le courant. Il flotta jusqu'à l'ouverture du cauiveau : j'étais arrivée à temps pour le
voir disparaître. Telle fut la fin de ma pauvre hirondelle. »

Elle sanglota. Mme D... vint vivement s'asseoir
près d'elle, et l'embrassa toute émue en lui disant:

— Oh ! c'est affreux !

Le général mâchonnait sa moustache en grommelant :

— Il faudra que je dise deux mots à ce malotru de capitaine de pompiers.

Dans ce désarroi, je m'esquivai à l'anglaise. Tout en talonnant le trottoir désert, je supputais les raisons qu'avait cette Norvégienne de maudire l'organisation d'un univers dans lequel une hirondelle peut être exposée à périr de si misérable sorte.

— Mon ami, me disais-je, garde-toi des jugements hâtifs et précipités. Somme toute, qu'aurait pu souhaiter cette hirondelle, de plus rare et de plus charmant pour terminer ses jours ? Elle a été pleurée par une adorable blonde, et un peu aussi par Mme D... ; un sort si enviable ne lui fût certes pas advenu si elle se fût accrochée à quelque arbre d'une forêt vierge. Il n'est donc pas si mauvais que les chocolatiers fassent de la réclame, et la civilisation n'est pas haïssable, sauf pour les esprits superficiels qui ne voient aux choses qu'une seule face. Mourir pleurée par deux jolies femmes ! Quel homme ne bénirait un tel bonheur, trop grand, en vérité, pour une simple hirondelle. Vous voyez bien, madame, que tout est pour le mieux, et qu'il ne convient mie de pleurer.

Fleurs d'été

C'est l'été, madame, et l'on ne parle ici que de fleurs ; comme vous en êtes une autre, de quoi pourrais-je vous parler, sinon des fleurs ?

Nous laisserons là, si vous voulez, le thème déjà plusieurs fois traité de la poésie et du charme des fleurs, si propice à inspirer des romances : *Fleurs et Pleurs !*

C'est à un point de vue plus spécial que je voudrais me placer, pour regretter avec vous le discrédit dans lequel on laisse tomber cette charmante et vieille coutume, qui prêtait une voix aux corolles et faisait chanter le *Langage des fleurs.*

Le langage des fleurs n'est autre chose qu'une manifestation naïve et populaire de ce symbolisme, si cher à notre époque. Jenny l'ouvrière qui agrafe le dimanche en souriant une rose mousse à son corsage, heureuse de ce cadeau éloquent, fait du symbolisme.

Avec les fleurs, cela a commencé très tôt ; et par le clergé. Le langage des fleurs a, comme le théâtre, des origines religieuses.

Regardez une cathédrale du xiii* siècle. Elle est décorée de motifs en pierre sculptée, des animaux, des plantes qui garnissent les *ymaiges.*

Ce n'est pas pur ornement, croyez-le. Tout cela a un sens symbolique, qui nous est expliqué par des manuscrits du temps. Chaque fleurette désigne, dans une acception convenue, l'une des qualités de Dieu sa bonté, sa puissance. Les prédicateurs apprenaient en chaire, à l'auditoire populaire et ignorant, la signification de ces ornementations. Comme ces auditeurs ne savaient pas lire, la cathédrale devenait ainsi le catéchisme imagé du pauvre.

Le langage des fleurs a son origine dans cette symbolique chrétienne. Justine, la cuisinière, qui feuillette le petit livre spécial acheté sur les quais pour connaître le sens des fleurs, ne se doute pas qu'elle continue devant son fourneau une tradition dix fois séculaire, inaugurée sous la voûte majestueuse des gothiques cathédrales.

Aujourd'hui le langage des fleurs est devenu celui des amoureux.

Il a ses grammaires et ses dictionnaires ; il représente une des formes du symbolisme les plus explicites.

Si l'on connaissait seulement un peu son langage des fleurs, on frémirait à la pensée des inconvenances et des impairs que l'on peut commettre chaque jour, simplement en offrant un bouquet. N'étudiez pas trop, madame, ce lexique spécial, car vous seriez sans doute souvent en posture de rougir pour des audaces auxquelles on n'a point pensé.

Que ne peut-on exprimer avec des fleurs, pour peu qu'on ait étudié leur dialecte ?

Je veux vous dire :

— Madame vos qualités surpassent vos charmes !

Il me suffit de vous offrir un réséda. Tant de choses dans un geste !

Si je vous présente un romarin, comprenez :

— Votre promesse me ranime.

C'est bien simple. Est-ce une pâquerette? Cela signifie :

— Je suis tout à fait de votre avis.

Pourquoi me suis-je donné la peine d'aller chercher une pâquerette, au lieu de vous dire tout bonnement cette phrase peu compromettante:

— Je suis tout à fait de votre avis !

Je me le demande aussi, et je n'en sais rien. Il y a sans doute des circonstances où cela est mieux. Mais savez-vous ce que je veux dire, si je vous donne la fleur appelée *larme de Job !* Non, vous ne le savez pas, et vous ne pouvez pas le savoir. C'est un rien, une misère. Cela signifie tout uniment :

— Enterrez-moi au milieu des beautés de la nature !

Voyez un peu comme c'est exquis, et que de paroles inutiles on évite?

Qu'est-ce qu'il vous faut encore? Je parie que vous voulez savoir l'heure qu'il est. Il y a des gens qui se servent pour cela de montres et de pendules ! Les misérables ! quand on a des fleurs !

Ainsi ne dites pas :

— Il est quatre heures.

Il suffit de montrer une belle-de-jour.

On a toujours une belle-de-jour sous la main !

Dites-moi encore :

— Il est cinq heures.

Vous n'avez qu'à cueillir un nénuphar. Cela est aisé.

Savez-vous ce que veut dire la démarche d'un mari qui offre à sa femme une fleur de moutarde?

Madame, c'est signe qu'il lui reproche son indifférence. Et au moins cela est fait discrètement.

Même s'il y a de la compagnie, cela n'empêche pas: le reproche est inévitable, inéluctable par sa célérité et sa discrétion même.

Vous donnez du persil? C'est comme si vous disiez: — Vous êtes bête !

Vous tendez un œillet d'Inde? C'est donc que vous voulez signifier : Je vous déteste!

Ce langage est en vérité trop délaissé. Les gens qui le parlent encore sont rares, et ne sont plus compris, non plus que s'ils parlaient grec.

Je ne sais plus où j'ai copié cette lettre d'une femme abandonnée à son ami infidèle :

« Je suis pleine d'aloès socotrin et de balsamine ; il me faut à tout prix un balésier. J'ai l'aubépine que c'est une infâme buglosse. Avez-vous toujours pour moi du seringa inodore? Je vous conserve toute ma foutinaille. Votre présence me rendra le jujubier. Nul coquelicot ne troublera plus notre orobanche majeure. Je vous attends dans les ruines du vieux manoir à salsifis jaune précis. »

Aujourd'hui il y a peu de personnes qui soient en état de lire ces textes-là à vue du nez. C'est une langue morte. Il faut un dictionnaire, un vocabulaire, et vous auriez peine à comprendre, si je ne vous donnais la traduction:

— Je suis plein d'aloès socotrin, c'est-à-dire d'amertume, et de balsamine, c'est-à-dire d'impatience; il me faut un balésier, un rendez-vous. J'ai l'aubépine que c'est une buglosse, j'ai l'espérance que c'est un mensonge, et suivez l'ordre des mots : affection, fidélité, repos, artifice, (c'est le coquelicot), union ; à deux heures, le salsifis jaune.

Vu la désuétude où ces tournures sont tombées, ces façons de parler nous étonnent, et tiennent un peu du rébus, ne trouvez-vous pas? Mais ne la voilà-t-elle pas, la langue universelle ! Comment n'y a-t-on point pensé? Elle est à la portée de tout le monde. Pour les pays lointains, dont la flore diffère de la nôtre, il suffirait d'emporter un herbier en guise de lexique. Ce serait d'une simplicité ineffable.

Et voilà que vos belles sœurs les fleurs, madame, non contentes de nous charmer, non contentes d'avoir inspiré aux poètes leurs plus gracieuses inventions, la rivalité de Pausias et de Glycère, les roses d'Héliogabale, la Guirlande de Julie, la Marguerite de Faust, — les fleurs vont encore nous rendre le service de donner aux races opposées de Sem, Cham et Japhet, un langage uniforme, d'un symbolisme clair et précis, à la différence de celui de M. Moréas !

Vivent les fleurs ! et c'est elles aussi que je charge de vous remercier, madame, d'avoir eu l'aubépine et la fraxinelle, entendez la bienveillance et la patience d'écouter jusqu'au bout mon corylopsys du Japon, je veux dire mon bavardage.

Ne médisons pas de la vieille symbolique ! Nos ancêtres en usaient, et nous ne sommes pas plus malins qu'eux. Nous en mettons partout, nous nageons dans le symbole. C'est une des formes nécessaires de la pensée. Il y a une symbolique de tout. Tout a un sens. Tout est une apparence formelle qui recouvre l'idée avec laquelle elle n'a qu'un rapport conventionnel. C'est le principe même de la philosophie platonicienne. Nous ne connaissons de ce monde que sa vaine espèce ; nous la percevons par les sensations ; mais ce que ces visions recouvrent, nous l'ignorons, autant que les captifs enchaînés dans leur caverne ignorent les originaux des ombres qu'ils voient défiler. L'Idée du monde nous échappe. L'univers n'est qu'un vain et cotonneux symbole. Les lettres de l'alphabet, les mots du vocabulaire? Symbole. L'écriture manuscrite ? Symbole, dont les graphologues tâchent d'énucléer les arcanes. Gall et Lavater ont lu à livre ouvert les symboles que portent les crânes et les figures. L'usure des semelles ! Symbole car les semelles usées par les côtés marquent une démarche traînante et nonchalante, indice d'une nature dolente et d'un caractère faible.

Il y a une science de la glossomancie, ou symbolique des formes de la langue, considérée comme révélatrice des qualités morales ou des défauts.

C'est une demoiselle qui s'est livrée à cette nouvelle étude des langues. Elle y a acquis une compétence ingénieuse.

La langue longue indique la franchise ; courte elle est la marque d'un caractère dissimulé. Large, elle constate l'expansion ; étroite la concentration. Longue et large, elle implique le bavardage intense, naïveté, imprévoyance, inconséquence. Longue et étroite ? Vous pensez ce que vous dites, sans dire tout ce que vous pensez. Courte et large ? C'est signe de mensonge. Courte et étroite ? C'est la ruse.

Un jour, Émile Augier se trouvait dans un salon où l'on jouait aux jeux de Société. On devinait des charades. Une dame, sur la sellette, avait à deviner le plus grand poète du siècle. Elle ne trouvait pas. Un obligeant voisin pour l'aider, lui avait soufflé :

— Victor !...

Ce fut pour elle comme un éclair, et elle bondit sur ce faible renseignement qui la sauvait : elle s'écria victorieusement :

— Victor-Emmanuel !

Cela jeta un froid. La personne était fort jolie,

mais évidemment indifférente au progrès des lettres contemporaines...

Des amis crièrent en riant, pour faire diversion en faisant du bruit :

— Non ! Non ! Pas celui-là !

— Ah ! tant pis, dit la dame. Je ne devine pas ! Je donne ma langue au chat !

Augier, qui était près de là, fit doucement :

— Miaoû !

S'il avait connu la glossomancie, il est probable qu'il n'eût pas été si imprudent, et qu'il eût tâché d'abord de se renseigner.

Donc, tout est symbole. Symbole, le voile blanc que la châtelaine agite du haut des mâchicoulis du donjon, pour envoyer un adieu suprême à son amant qui part pour la croisade sur un destrier bardé de fer, dans la romance connue de Monpou. Symbole, le camélia rouge que la dame aux camélias arborait à la lune nouvelle. Symbole, le homard dans l'historiette de la dame légère dont l'amant a surpris la faute, et qui lui écrit :

— Oublie cela ! Je viendrai déjeuner demain avec toi. S'il y a du homard, c'est que tu m'auras pardonné !

Au milieu de cette symbolique universelle, la cire à cacheter se ferait scrupule de n'emprunter point au langage imagé et figuré des conventions et des sélams des sens abstrus et abscons, dont l'initiation accorde seule le secret.

Ici, elle est facile.

Le premier papetier venu vous mettra au fait de la symbolique de la cire à cacheter : cire blanche, mariages ; noire, deuil ; violette, condoléances ; les invitations à dîner sont cachetées avec de la cire couleur chocolat; la cire rouge s'emploie pour les affaires; le rubis sert pour les lettres d'amour heureux; le vert marque l'espérance, et le brun le regret; le bleu affirme la constance; le jaune décèle la jalousie; le vert pâle veut dire reproches; le rose est réservé aux jeunes filles; le gris s'emploie entre amis.

La cire, cet onctueux produit du travail des divines abeilles chantées par Théocrite et Virgile, servit à la fermeture des missives par une étrange propension de la nature humaine à la méfiance. Les chevaliers du moyen âge, qui méprisaient la plume, donnaient un coup de pommeau de leur glaive sur un paquet de cire; l'image s'y gravait, y durcissait, et il devenait impossible de soulever ce scellé, ni d'entr'ouvrir le pli.

Nos pères faisaient une bien plus grande consommation de cire à cacheter. Elle a diminué depuis l'invention des enveloppes gommées, qui sont ce qu'il y a de plus malpropre et de plus malsain. On ne devrait jamais lécher ces bandes de colle inconnue, ni sur l'enveloppe, ni sur le timbre. On le fait pourtant, et que de fois, ou parce qu'on est pressé, ou parce qu'on n'a pas sous la main son mouilleur, et que celui-ci est stupidement incommode. Imprudence et irréflexion! De quelle cuve mal tenue et baveuse cette colle sort-elle? Quels pinceaux ignobles l'ont véhiculée? Quels doigts poisseux et gourds l'ont étalée? Quels microbes infectent sa gelée solidifiée? Et c'est tout cela que vous baisez de vos lèvres humides qui rendraient un amant jaloux?

Voilà, dans cette gomme ignoble et arabique, la cause du discrédit et de la déchéance dont souffre

la cire, après un règne glorieux et triomphal qui ne
date pas d'hier. Il y a longtemps.

Dans le *Cantique des Cantiques*, quand la Sula-
mite a pu s'échapper du palais de Salomon pour
aller retrouver le berger qu'elle aime, ne lui crie-t-
elle pas tout son amour ardent en lui disant :

— Ah ! presse-moi comme un cachet sur ton cœur !

Voilà, certes, qui donne au cachet de cire de très
vieilles lettres de noblesse.

Aujourd'hui, on cachète ses lettres par luxe, et
par coquetterie ou par amusette, pour étaler la belle
et fine cire mauve, pour employer le joli cachet dont
on a reçu le cadeau, car le cachet est un de ces
objets qu'on n'achète guère pour soi: c'est le bibe-
lot inutile qu'il est commode et gracieux d'offrir.

Il y a aussi la catégorie des cachets historiques.
Les initiales sont les mêmes que les vôtres, et vous
employez l'empreinte qui servit jadis à Marie-Antoinette ou à Fabre d'Églantine, du moins à dire d'ex-
pert, le jour de la vente où vous en fîtes emplette.

Ou encore, on se sert d'un cachet parce qu'on a
pris une devise, et qu'on ne saurait pas où mettre
celle-ci, si on ne l'imprimait pas sur la cire. Vous
connaissez cette comtesse qui colle son cachet régu-
lièrement dans l'angle même de son papier à lettres,
nonobstant celui de l'enveloppe, et c'est un cor de
chasse avec ce cri fier et indépendant : *Et puis après?*
M. Busnach a un autre genre de cachet, mieux en,
rapport avec cette école naturaliste dont il est un
des pylones : « Et puis, zut ! » Il n'y a pas *zut*, à
la vérité. Alexandre Dumas trouvait cela sublime,
et il le disait :

— Il n'en faut pas bien long ; il suffit quelquefois
d'un mot, d'un seul mot pour s'immortaliser. Telle a

été par exemple, la fortune du mot de Cambronne. Seulement, il ne faut pas se tromper d'endroit pour le dire, ni le mettre partout ; car ça peut être héroïque, mais ça ne sera jamais littéraire. »

Étrange circuit des choses ! Les abeilles et les arbres produisent la cire à cacheter, et aussi la bougie à laquelle on l'amollit, avant qu'elle s'étale sur la pâte de papier qu'elle fermera d'une serrure incrochetable. Briser le cachet, rompre le scellé, casser cette petite rondelle de graisse solidifiée, ouvrir cette fermeture sans y avoir droit et en violant la volonté de l'expéditeur, constitue une petite infamie, un bris de clôture, une profanation avec effraction, une faute grave contre l'honneur, la probité, la noblesse.

« Il y a quelque chose de plus inviolable que la serrure d'un coffre-fort, monsieur, c'est le cachet d'une lettre, car il ne se défend pas. »

Ainsi pensait Gaston de Presle, et à vrai dire, il était un peu payé pour cela, et son intérêt s'entendait avec sa magnanimité. Mais en dehors de son cas particulier, il reste vrai que le scel est sacré, et partage avec très peu d'autres choses, en ce bas monde, le privilège rare du respect, de l'immunité, de l'inviolabilité. Autrefois, il y avait des asiles qui jouissaient de cette même prérogative ; aujourd'hui il n'y a plus guère, avec les cachets, que les députés.

Le cachet est une porte, un mur, une haie. Derrière cette clôture, la pensée individuelle est chez elle, dans son home, dans son réduit privé. Elle voyage sous son enveloppe scellée comme une reine dans son wagon spécial, dont nul ne peut ouvrir la portière ; nul, sauf les manants, les malappris et les goujats. Car il y en a toujours et partout.

La sauvegarde du cachet est un de ces droits dont
le maintien et l'assurance sont surtout confiés à la
loyauté et à l'honneur des gentilshommes, comme en
Amérique, la propriété des murs. Car je me rappelle
avoir lu, à Saint-Paul Minneapolis (Minnesota) dans
un coin réservé de l'hôtel, cet avis bien typique :

— Défense est faite aux gens de mettre aucune
inscription, indécente ou autre, sur les murs. Quant
aux *gentlemen*, cette défense n'est pas pour eux, car
on sait assez qu'ils n'ont pas besoin d'un pareil avis.

Voilà une leçon.

Cachet de cire ! cachet noir, symbole de deuil !
cachet rouge pour emballer les paquets ! Cachet pou-
dré de mica ! Cachet à fond mat bordé de bourre-
lets luisants ! Initiales naïves ! Armes héraldiques !
Devises sentimentales ! Vignettes libertines ! le cachet est le protée qui s'assouplit à toutes les formes
et suit toutes les ondulations de la personnalité :
car on connaît les gens au cachet dont ils usent.

Songez à tout ce qu'un cachet peut recouvrir, sans
même parler de ceux d'une lettre chargée ! Que de
secrets, d'aveux peut-être ou de reproches ! Que de
soupçons s'éclairciraient, en le soulevant, qu'on serait
aussitôt désespéré d'avoir éclairci, car le doute vaut
souvent mieux que la certitude du malheur ! Le
cachet n'est-il pas le couvercle de la boîte de Pan-
dore, sous lequel repose toujours l'espérance, à la
condition qu'on ne l'ouvre pas.

Mais il est temps de fermer ma lettre, madame.
Vite ! mon cachet ! Où est ma cire bleue ?

Madame aux champs ou le sentiment de la nature

Vous me mandez, madame, que vous vous ennuyez à la campagne, et que vous vous préparez à partir pour quelqu'une de ces villes d'eau ou de ces plages qui reproduisent, à la montagne ou à la mer, l'agitation et les divertissements des grandes villes. Cette détermination vous désole par la persuasion où elle vous jette que vous n'êtes pas une rustique, que vous êtes au contraire une urbaine, et surtout par l'incapacité où vous vous sentez de goûter ce qu'on est convenu d'appeler les plaisirs des champs. Je relis avec agrément ce passage de votre lettre où vous vous écriez : « O campagne ! ô vallons fleuris qu'ont célébrés les poètes, ombre fraîche des sources castaliennes, mugissement des bœufs sous les pommiers odorants, parfums capiteux des moissons, silence poétique des bois, hélas ! je ne vous connaîtrai jamais, puisque mon âme ignore et méconnaît vos charmes ! »

Votre cas, madame, n'est ni neuf, ni unique, et je suis pour ma part ravi que vous me présentiez la double occasion de vous défendre, et d'attaquer un préjugé, qui s'appelle le sentiment de la nature.

En vérité, ô amoureux des champs, je vous admire. Tous les siècles, toutes les sociétés travaillent fiévreusement au progrès, à l'amélioration du sort humain, ce qui veut dire qu'on tâche de rendre aussi large que possible l'écart entre l'état de nature et l'état de civilisation : car la civilisation, c'est le contre-pied de la nature. La nature, c'est d'aller pieds nus, avec un gourdin, dans la vase visqueuse des champs détrempés ; la civilisation, c'est de rouler en tramway électrique sur le macadam poli des cités ; la nature, c'est de manger des glands ; la civilisation, c'est de perdre beaucoup de temps à préparer du canard à la rouennaise ou du homard à l'américaine. Sur tous les points, l'une est l'opposé de l'autre, et la place me manquerait pour poursuivre ce parallèle. Par quelle bizarre anomalie, dès lors, est-il du fait de l'homme civilisé d'éprouver, une fois par an, le dégoût de ses progrès acquis, pour courir de nouveau à ces champs boueux qui virent naître l'humanité ? C'est bien mal reconnaître les bienfaits du progrès, que de s'en lasser.

Mais à quoi courez-vous ? Ah ! madame, combien je comprends votre dégoût de la campagne ! Fût-il jamais rien de si peu fait pour vous ? Rien de plus malpropre et de plus mal commode ? La campagne? C'est le purgatoire des pauvres femmes citadines, qui n'y trouvent que malaise et impertinences. Savez-vous ce que c'est que faner? Ah ! oui, le savez-vous? Connaissez-vous les fourmilières dissimulées sous l'herbe, l'armée brune et luisante des fourmis envahissant les jupons, le perce-oreilles trottinant sur votre nuque et cherchant votre tympan avec ses pinces, votre main cognant une taupe ou un hérisson, votre pied écrasant par mégarde une limace, un corbeau déshonorant du haut des cieux votre chapeau, un moucheron s'abritant sous votre paupière, une couleuvre filant entre vos jambes, un crapaud sau-

tillant sur votre soulier, une grosse chenille frôlant
votre joue en tombant, un tas de petits êtres gélati-
neux, visqueux, gluants, baveux, qui se promènent
dans tout cela comme chez eux, et qui traitent une
personne humaine, comme ils feraient d'un simple
tronc d'arbre.

Il est incroyable combien l'homme, et par conséquent la femme, sont habiles à se payer de mots.
Vous a-t-on assez vanté, — et vous y croyez, madame,
— la poésie calme des forêts ! Fût-il jamais un
pareil leurre ! Savez-vous ce que c'est qu'une forêt ?
C'est le plus épouvantable champ de carnage dissimulé sous une apparente tranquillité ; à vrai dire
tout est un champ de carnage, la terre, l'eau, la vie
elle-même. Cette forêt tranquille que vous admirez,
voyez de plus près ce qui s'y passe : tout ce qui vit y
est en émoi, en alarme, à l'affût pour croquer le plus
faible et esquiver le plus fort. Des torrents de sang
y coulent à chaque heure qui sonne. Un être qui
aurait l'ouïe affinée entendrait, un horrible glouglou
qui déverse le sang vivant dans les estomacs affa-
més. La fourmi dévore le puceron, l'oiseau dévore
la fourmi, les chats dépècent les oiseaux, les blai-
reaux, les fouines, les vers, les araignées, que sais-je ?
Tout cela est dans une perpétuelle chasse pour saisir, saigner, martyriser et engloutir les victimes.
C'est une guerre atroce et sans merci. Regardez ce
petit moineau sur sa branche ; il remue gentiment
la tête, paraît s'amuser, se dandiner, faire des mines :
en réalité, ces gracieux et légers mouvements sont
pour happer le moucheron qui passe, ou pour guetter
l'approche de l'ennemi inexorable, qui, en une
minute ne fera de lui qu'une bouchée. Écoutez-la,
cette forêt charmante : sa musique est le bruit déso-

lant des cris de guerre et de détresse ; sur tous ses habitants, à tous les degrés, la menace et la mort sont en permanence, de par la loi suprême de la nature, qui est l'infâme directrice du combat.

Comme elle est triste, la campagne ensoleillée, pareille à une femme belle, perfide et cruelle, qui masque ses meurtres avec un sourire !

Et pourtant, il est de mode de louer les champs, et cela a un petit air romantique qu'on prend volontiers. D'où vient cela ! Il faut, madame, que je vous explique la chose !

Le sentiment de la nature, puisque c'est ainsi qu'on appelle l'amour des champs, est une duperie relativement jeune. Elle est née il y a cent ans, pas plus, d'un paradoxe de J.-J. Rousseau. Avant lui, il n'en était pas question. On admirait les grandes et belles villes; mais jamais l'idée ne serait venue, avant Rousseau, de s'extasier sur la campagne.

Il est assez particulier, ce dédain du pittoresque qui a présidé à toute l'antiquité, au moyen âge, jusqu'au milieu du xviii° siècle. Mettez Virgile à part, vous n'aurez pas une jolie description à citer dans les antiques. Et durant le moyen âge? Ces grands seigneurs habitaient des manoirs ayant des monts pour piédestal, dominant de splendides vallées; quand ils sortaient pour la chasse ou la guerre, ils chevauchaient à travers les forêts et les montagnes ; quand ils guerroyaient, ils faisaient à cheval la traversée des Alpes pour la guerre d'Italie; ceux qui, avant ceux-là, avaient fait les croisades, avaient sillonné la Méditerranée, vu les États barbaresques, l'Égypte, la Palestine, Constantinople; au xvi° siècle, ceux qui écrivaient et qui, par conséquent, auraient pu décrire, avaient parcouru toute l'Europe, vu ses curiosités et ses beau-

tés: de tout cela, qu'est-ce qui les a séduits? Nous ne
pouvons le savoir, car ils ne nous ont jamais rien dit.
De tant de voyages, il ne reste pas une relation.
Lisez Villehardouin ou Joinville; nulle part le pay-
sage ne les a frappés. Jusqu'à la fin du xviii° siècle,
les romanciers eux-mêmes, qui pouvaient donner
cours à leur imagination, se bornèrent à raconter les
voyages en mer d'après la formule : « Après deux
mois de traversée, nous arrivâmes heureusement à
Pernambuco. » Et voilà tout. Et quand Montaigne
s'essaye à se laisser aller à la grande poésie de la
nature, voilà tout ce qu'il trouve : « Les chutes du
Rhin à Schaffouse sont curieuses, mais elles cons-
tituent un fâcheux obstacle pour la navigation. »

Après cela, sauf deux vers de Racine, — et il n'est
pas sûr qu'il l'ait fait exprès ; — et si l'on met La
Fontaine hors de cause, aucun de nos grands classiques n'a paru trouver aucun charme aux champs; ils
n'en parlent pas. C'est ce montagnard de J.-J. Rousseau qui s'avisa de dire que la campagne a sa poésie.
Il était si original ! Ce qu'il disait et pensait amusait, intéressait. Les femmes crurent donc à la poésie de la campagne : oui, mais quelle campagne, je
vous prie! Elles l'arrangèrent, la rapproprièrent, la
pomponnèrent, l'embaumèrent ; ce furent des jardins
bien proprets, des vaches bien peignées, des fermes
bien époussetées, toute une campagne pour femmes
du monde : et les poètes se mirent à chanter la
nature qu'ils voyaient par les vitrages du salon, et
qu'ils décrivaient en manchettes de dentelles sur un
pupitre de bois de rose. Voilà comment on comprit
d'abord la nature. C'était la vraie façon et la plus
agréable pour les dames.

La Révolution a supprimé le luxe, Philis est deve-

nue Toinon. La belle avance ! La campagne a repris
son air nature, c'est-à-dire sa saleté et ses incom-
modités ; elle est telle que les contemporaines de
J.-J. Rousseau n'en eussent jamais voulu, car elles
avaient pris la précaution de l'arranger. Et nous,
naïfs, nous continuons les prédilections de nos arriè-
re-grand'mères sans voir la duperie, et qu'il ne
s'agit plus de la même chose. Les mânes de Rousseau doivent bien rire.

. Faut-il vous dire, madame, que c'est du sein des
merveilleuses campagnes de Normandie que je vous
envoie ces quelques notes, avec mes hommages et
mes exhortations.

Pêche et Chasse

Vous savez, madame, combien vos désirs, fussent-ils saugrenus, trouvent toujours en moi un esclave assoupli et obéissant. J'ai donc obtempéré à la lettre et à l'esprit de l'aimable ordre que vous m'intimâtes Vous désirez savoir ce que les femmes pensent en général de la chasse et de la pêche, qui sévissent en ce moment.

Je l'ai demandé, et j'ai trié pour vous quelques réponses. C'est de pêche qu'il s'agit.

Voici une originale :

« Monsieur,

« Je suis heureuse de l'occasion que vous me fournissez de jeter mon indignation à la face de tous ces stupides plaisantins,qui essayent de bafouer par des moqueries ineptes et glapissantes le noble plaisir de la pêche à la ligne.

« Pour moi, je l'avoue, ma joie est grande quand j'aperçois un pêcheur à la ligne et voici pourquoi.

« Je ne puis en regarder un sans que mon imagination aussitôt trotte et vagabonde. Je suis une femme d'imagination, monsieur. Nous autres femmes, d'abord, nous avons presque toujours plus d'imagination que vous autres hommes. Sans compter que ma mère lisait surtout Fenimore Cooper et Walter Scott. Toute petite, je n'avais que deux divertisse-

monts favoris ; d'abord de faire de la chaînette avec
de la laine et des épingles dans un bouchon troué,
et puis de lire Mayne Reid et des récits de voyages. C'est ce qui vous explique que, très jeune, j'ai
eu un goût naturel et très prononcé pour l'ethnographie. J'ai, je puis le dire à mon âge, une violente
passion pour les sauvages, les hommes primitifs ;
ma jeunesse a été bercée par mes rêves, où passaient
des pirogues, des aurochs et des hommes tout nus !
Ah ! la belle époque, la grande époque, monsieur,
et si poétique, que celle de l'âge de la pierre !

« J'ai l'air de bavarder à côté, n'est-ce pas ? Nous
autres, femmes, nous avons une telle exubérance de
pensée et de tour, que la plume court et peut à peine
suivre la course effrénée de nos idées eu liesse !

« Eh bien ! monsieur, je ne bavarde pas du tout.
Car le pêcheur à la ligne, pour moi, c'est encore de
l'ethnographie. Je vous ai dit combien j'ai l'imagination prompte. Elle me sert, quand se profile au bord
de l'eau la silhouette immobile du pêcheur. Car je le
transfigure.

« Oui, monsieur, il est important que je vous le
dise et ne vous en fasse pas un mystère, pour la nette
compréhension de mon plaisir, auquel, autrement,
vous ne comprendriez goutte. Nous autres, femmes,
nous savons saisir les choses à demi-mot, parce que
nous avons la finesse. Mais à vous autres hommes,
il vaut mieux tout expliquer.

« Cet humble pêcheur à la ligne, debout dans son
bateau au coin d'un lavoir flottant, devant un pont
de Paris, je ne le vois pas du tout comme il est, mais
pas du tout. Si je vous disais, monsieur, que je n'a-
perçois pas son chapeau en paille vulgaire de Yoko-
hama, son veston sale, son pantalon qui gode et se

rabat sur ses talons avec des plis d'accordéon, sa petite boîte de fer blanc où grouillent des asticots blancs aussi ; non, non, ce n'est pas là le spectacle qui s'offre à mes yeux, car mon imagination le transfigure en me transportant aux époques préhistoriques. Le lavoir et le pont sont d'énormes quartiers de roches ébranlées, le bateau est la pirogue creusée au feu dans le tronc équarri du baobab ; le bruit du remorqueur qui passe, c'est le mugissement de l'auroch qui déterre le cadavre d'un iguanodon, dans ce décor impressionnant, — monsieur Frémiet, n'est-ce pas que vous me comprene.:?— mon pêcheur surgit idéalement beau, crépu, demi-nu, solide, bronzé, fixant le gland des hêtres à l'hameçon de silex pour pêcher, dans ce fleuve, qui ne s'appelle même pas encore la Séquane, la subsistance de sa famille blonde abritée contre les ours par les amas de roches dans la forêt obscure. Ah|! qu'il est beau, mon pêcheur préhistorique, mon harponneur des premiers âges, avec son torse plus velu que ceux de notre temps, et sa carrure perfectionnée par les lois sévères de la sélection !

«Voilà, monsieur, comment je comprends la pêche. Mais ce plaisir n'est à la portée que des gens versés dans quelques notions de cette ethnographie, avec laquelle je suis, etc... »

Que dites-vous de cette excentrique personne? Cette autre, que vous allez entendre, donne au moins ses raisons :

« Oui, monsieur, j'adore la pêche à la ligne. Pourquoi ? Ma foi, c'est bien simple. Je suis par profession chanteuse légère et demi-mondaine. Je me donne un mois de congé par an. Durant tout le cours de l'année, il faut que je sois tirée à quatre

épingles, sanglée, fardée, pomponnée, attifée ; au·
cune élégance, ne peut m'être étrangère, et des
ongles aux cheveux, je tâche d'être la poupée la
mieux équipée de Rome à Paris.

« Vous vous imaginez, messieurs, que ces occupations sont frivoles et nous amusent. Comme on voit
bien que vous n'êtes pas femmes ! La toilette, hélas ?
n'est rien moins qu'un divertissement ; c'est une
tâche quotidienne, une obligation, un pensum,
comme pour vous d'aller à votre bureau. Rien n'est
plus régulier, plus fastidieux. Après dix ou onze
mois de cette besogne absorbante, nous éprouvons,
nous aussi, le besoin de vacances. Dieu s'est bien
reposé le septième jour pour donner l'exemple du
congé. On ne peut pas toujours faire la même
chose, quand ce serait créer la terre.

« La pêche à la ligne est l'exercice qui convient le
mieux à l'emploi de mes vacances, car il est le plus
sale. Il me transporte diamétralement aux antipodes
de mon état habituel. A Paris, je suis toujours fraîche, rose, veloutée comme un beau brugnon ; mes
mains sont correctes, mes ongles luisent, mes cheveux
retombent tous dans l'ondulation que leur assigne
mon capillariste. Ah ! mes enfants ! je voudrais que
vous me vissiez dans ma villégiature, un petit pays
perdu où je suis sûre que personne ne me verra, à
part les bœufs et mes épais amis les paysans. Qu'il
vente ou qu'il grêle, je passe mes journées sur mon
canot attaché à mes piquets, et je m'en donne ! J'ai
des sabots, mes cheveux s'ébouriffent comme ils
veulent sous mon large chapeau de paille, le soleil
me brûle délicieusement le cou ; je porte un tablier,
et je me livre à toutes les négligences avec délice ;
j'amorce, je jette à l'eau des grains de maïs et des

pâtées gluantes : je tripote des asticots et des vers
de vase que je nourris dans leur boîte avec du fromage, je puise des seaux d'eau à la rivière, j'écope
le fond du canot, je nettoie sa boutique, je chante
comme une petite folle. Ah ! que c'est donc bon de
patauger, de se mouiller, d'être faite comme une
voleuse et de jouer à la paysanne autrement que
sous le cotillon de Bastienne au café chantant.

« Croyez, etc. »

C'est une bonne enfant. Mais prêtez à présent
oreille à la grande éloquence d'une poétique sen-
timentale :

« Je vous en veux, monsieur, de supposer un seul
instant que je puisse m'intéresser à ce sport dégoû-
tant et stupide de la pêche à la ligne. Ma nature
active, nerveuse et délicate oppose toutes les raisons du monde à un goût aussi barbare et aussi peu
noble.

« Je passe sous silence le ridicule qui consiste à
s'hypnotiser durant des heures dans la contemplation
d'un imbécile bouchon flottant. J'aimerais mieux
relire *Jocelyn*, migraine pour migraine.

« Mon cœur se soulève à la seule pensée des immon.
des choses qu'il faut accrocher au bout de son fil pour
duper ces pauvres êtres muets et impuissants, qui
n'ont pas même des bras pour se décrocher.

« Comment pouvez-vous supposer qu'une femme
digne de ce nom manipule de si sales ingrédients
des mêmes doigts dont elle caressera tout à l'heure
vos moustaches, messieurs ?

« Pêcheuse à la ligne ? Rien n'est plus roturier et
l'estomac me lève de la seule vision que cela me fait.

« Au demeurant, je crois pouvoir avancer sans fatuité
que j'ai le cœur trop haut placé pour ne pas détester

cette occupation de lâches. Oui, monsieur, de lâches,
car je suis pour la divine protection des êtres infé-
rieurs.

« Comment ! voilà un modeste et honnête petit poisson, ignorant de la vie et des pièges ! Il nage en paix
entre deux eaux ou plus, tournant parfois ses gros
yeux pour épier et esquiver le passage meurtrier du
brochet, car l'eau, comme l'air, est un abominable
théâtre de massacres mutuels. Et vous vous mettez
de la danse, ô hommes à peine dignes de ce nom !
Vous arrachez les viscères des entrailles du ver à soie
pour pendre votre amorce par un fil invisible ! Vous
faites subir à de pauvres vers, bien laids, sans doute,
— mais laideur n'est pas crime — vous leur faites
subir une sorte de pal auprès duquel les raffinements
de supplices des satrapes orientaux gardaient encore
quelque ménagement ; alors, donquichottes de la
gaule, vous voilà partis en guerre savamment, insi-
dieusement, muets et postés comme des bandits au
coin d'un buisson. Cependant le pauvre petit être,
que sa mère poissonne mit à l'eau pour son malheur,
aperçoit votre versiculet rougeâtre ; il le happe ! Fi !
l'horreur ! Certes, je le blâme aussi, ce petit pois-
sonnet, d'avoir des goûts de cannibale carnivore, et
les lois imprescriptibles de la solidarité des êtres
vivants lui défendaient de se nourrir d'un petit ver
encore tout chaud. Il les ignorait. Mais comme nul
n'est sensé ignorer la loi, il en est d'autant plus
cruellement puni, que sa gloutonnerie fut plus incon-
sidérée. Par le gosier ouvert, l'hameçon pénètre, va
harponner la paroi lointaine de l'œsophage ; le fil
remonte, tiré violemment ; le malheureux reste accro-
ché par l'estomac : à peine sorti de l'eau, il ressent
les premières atteintes de l'asphyxie et de la suffoca-

tion; des doigts cruels lui ouvrent la bouche de force, écrasent le tissu mou et brun des ouïes, fouillent les profondeurs de la gorge, déchirent le gosier qui saigne, et dépiautent cette poitrine vivante et palpitante pour ne pas perdre l'hameçon, — objet pourtant vil, — qui doit servir à d'autres martyres.

« Lâches pêcheurs ! Froidement, sans danger, à coup sûr, vous poursuivez votre œuvre de bouchers sanguinolents, après avoir essuyé vos doigts rouges ! Vous me faites horreur, et je n'ai qu'un chagrin, c'est le sentiment de l'infime faiblesse de la gent aquatique, qui n'a aucune arme contre vos ruses, ni force, ni vitesse !

« Je rêve un état supérieur du monde, une étape hélas ! peu prochaine, où le discernement et une rudimentaire éducation amélioreront le sort de tous les êtres animés, et diminueront les massacres dont la terre offre le spectacle repoussant et incessant. Non seulement les nations ne seront plus en guerre, mais toutes les familles des êtres animés participeront à cette paix vraiment universelle, ni l'homme, ni le tigre ne mangeront plus le mouton, et l'épervier caressera de son aile amie le rossignolet rassuré. L'esprit des poissons s'ouvrira à l'intelligence des dangers et des ruses ; ils verront les fils des lignes, et ils s'amuseront à les couper. Ce sera l'âge d'or. Je ne serai plus là, du moins sous ma forme présente, car je crois à la transformation perpétuelle des âmes ; puissé-je être alors une truite maligne et avisée pour pouvoir venger des millions de générations par quelque coup d'éclat.

« Mais je bavarde. Excusez-moi, monsieur et faites-moi le plaisir de venir déjeuner un jour pour causer de toutes ces choses. J'ai une cuisinière qui réussit la friture de goujons à s'en pourlécher les doigts, et j'avoue que j'en suis fort friande. »

Et la chasse ?

. Taïaut ! madame. Il m'est parvenu des lettres de tous ordres. Voici d'abord l'avis d'une originale qui n'aime pas la chasse. Déjà, avant elle, Phèdre, femme de Thésée, détestait ce sport pour ce que ce divertissement accaparait tout le temps et les pensées du seigneur Hippolyte, à qui elle eût voulu conseiller un meilleur usage de ses journées. Mais ce n'est point le même cas ici, ainsi que vous l'éprouverez en lisant cette lettre :

« Monsieur, si j'étais jeune homme, je ne chasserais point, par la peur que j'aurais du ridicule.

« En vérité, est-il rien de plus plaisant qu'un chasseur ? Que d'affaires ! Il se lève à grand fracas dès l'aube, revêt un costume grotesque, une blouse à grandes poches profondes, des bottes, un chapeau tyrolien à aigrette de plume ; la veille, il a passé le temps à fourbir et à nettoyer ses armes, à manipuler de la poudre, à vérifier les gâchettes ; il part le matin, pareil à un jeune dieu qui va conquérir le monde. Il prévient qu'il ne rentrera pas pour déjeuner ; l'affaire est de trop d'importance, et vaut qu'on y mette le temps. Toute la journée il marchera, foulera les labourées, aura chaud ; il entrera parfois dans les fermes en soufflant comme un homme qui a renouvelé quelque exploit d'Hercule, il encadrera son plaisir dans une mise en scène comique par ses ambitions, avec des chiens, des guêtres, tout un attirail de meurtre.

« Mais silence ! écoutez ! Dans la vallée prochaine, la première détonation a retenti ; l'écho la répète en roulant ; la poudre a fait sa terrible déflagration avec fracas ; le coup a été strident, éclatant, bientôt suivi d'un autre ; tout le pays les a entendus, jusqu'aux derniers confins de la forêt prochaine, par delà les villages échelonnés sur le coteau ; des centaines d'oreilles ont perçu en même temps le bruit de cette mousquetade fameuse, qui a dérangé et distrait le penseur courbé sur son papier, le laboureur penché sur sa charrue, le savetier tirant ses fils poissés et la coquette à sa toilette. Ah ! le beau vacarme, et sans doute, le beau fait ! Un pareil coup de fusil, qui a été précédé de tels préparatifs, n'est pas assurément un exploit ordinaire. Quel est ce nouveau Fier-à-Bras?

« Hélas, monsieur, ce n'est qu'un coup de fusil de chasse, et tout cet attirail, tous ces préliminaires sont pour tâcher, si possible, de tuer, un petit oiseau, nommé perdreau, qui mesure 20 centimètres de long sur 8 de large !

« En vérité, c'était bien la peine. Je vous en prie, laissez-moi rire ! »

Cette dame, assurément, est réfractaire aux joies cynégétiques.

Voici, par exemple, un document qui a son importance ; c'est une lettre inédite, miraculeusement conservée, et retrouvée par Vrain |Lucas, une lettre d'Adam, notre premier père. Ouvrons-la ; il est inutile de vous faire languir.

« — Mon fils, je suis Adam, le premier homme du monde, et je te saurais un gré infini de me permettre de fixer à mon avantage un point d'histoire primitive.

« Assez et trop longtemps je souffre de voir qu'au mépris et au déni de toute justice, les chasseurs continuent à porter leurs hommages à mon petit-fils Nemrod, qui vécut au XXXV⁰ siècle avant J.-C., un peu avant toi. Ils l'encensent comme le patron de la chasse à tir. C'est une erreur historique. Le père et le seul patron des chasseurs, c'est moi.

« Je le prouve.

« Tu ne te rappelles pas, — tu étais trop jeune, — le tour pendable que ta grand'mère Ève me joua avec le serpent. La chronique t'a redit la chose. Aussitôt après cet accident, commença la première chasse du monde. Ce fut une chasse au serpent. Armé de mon arc, je le poursuivis par les buissons et les halliers, pour venger ce qui restait de mon honneur. D'un dard vengeur, je le transperçai au pied d'un baobab qui existe encore : mon fils d'Orléans a bivouaqué tout auprès, il n'y a pas longtemps, sans le savoir, dans le Pamir. Tu vois que, dès l'origine du monde, nous autres maris, nous avons dit : « Tue-le ! » C'est Ahasvérus, le juif errant, qui a retrouvé mon serpent mort. Mais ceci n'importe plus. Le fait essentiel, c'est que Messieurs les chasseurs veuillent bien ne plus oublier leur père Adam. Adieu mon fils. »

Le cas qu'on va vous conter est aussi assez étrange.

« Monsieur, voici le fait. J'avais traversé des luzernes, quand un lapin me partit dans les jambes et enfila un pont qui donne accès sur une propriété privée. Un grillage serré le ferme de l'autre côté. Mon animal ne pouvait m'échapper, même en sautant dans la rivière. Je barrais l'entrée du pont, je faisais face à l'ennemi, et je le tenais en respect au bout de mon fusil, pareil à Bayard à l'entrée du pont du Garigliano.

« Je visai. Jugez de ma surprise. Mon lapin s'assit sur son train d'arrière, fit signe, avec ses pattes de devant qu'il avait quelque chose à dire, et il parla. Oui, monsieur, il parla, ni plus ni moins que Xanthos, cheval d'Achilleus. J'eus peur de revenir avec des cheveux blancs, tout comme don Carlos au sépulcre de Charlemagne. Ils ont à peine blondi, un rien. Et mon lapin me dit :

— Tu me connais, je suis le petit lapin du bon La Fontaine, Jeannot Lapin. Oui, je vis toujours. Une fois, il y a déjà cent vingt ans, j'ai été visé par un chasseur de marque. Il s'appelait le prince de Ligne ; il était mis beaucoup plus proprement que toi. Je lui ai fait en trois temps le tableau de la société de son époque. Il a été étonné, et il m'a laissé vivre. Ah ! plût à Nemrod qu'il ne m'eût pas épargné : je n'aurais pas assisté à tous les scandales, à toutes les vilenies de tes pareils et de tes contemporains, dont l'exemple pernicieux a perdu toute la jeunesse lapine d'aujourd'hui : car tu ignores que les mœurs des animaux se modèlent sur celles de vous autres hommes. Et voilà le mal. Vous nous avez valu d'avoir et de voir des lapins esthètes, dont la suffisance n'a d'égale que leur insuffisance, des lapines qui se coiffent à la Botticelli. Il leur faut des feuilles d'acanthe et des gardénias, au lieu du bon chou d'autrefois ; ils se font blanchir à Londres, écrivent un français de vache espagnole, se font teindre en albinos pour ressembler à des Norvégiens, et montent en pétrolette ; en politique, ils font passer le privé devant le public ; en philosophie, ils oscillent du néo-christianisme au socialisme ; ils n'ont plus d'enthousiasme, plus de foi ; ils me dégoûtent, ils me font mal à la vie. Tire donc ; si tu me tues, merci ! Vive la Russie ! » Je me suis jeté à ses petits pieds, je lui ai fait mes excuses de l'avoir dérangé, et je suis parti en prenant son adresse pour lui faire expédier une caisse de serpolet frais. Depuis, je ne chasse plus. »

J'ai encore là quelques avis insignifiants, que je vous communique, ce nonobstant.

LE RENTIER AUX CHAMPS. — J'adore la chasse. Lièvres et perdreaux blessés viennent mourir dans mon potager. Je n'ai qu'à me baisser pour prendre. Pendant la durée de la chasse, je puis me croire citoyen de l'île Fortunée.

LE MARCHAND DE COMESTIBLE. — La saison de la chasse m'enrichit chaque année. Je vends des gibecières garnies, sans étiquettes, avec sang frais et taches de boue authentique. Aucun danger d'être pris ; mes gibecières offrent toute garantie aux amateurs qui font semblant de chasser. J'en vends beaucoup. La maison se charge aussi d'embourber les guêtres de ces Messieurs, et de verdir leurs épaules avec des feuilles fraîches de la banlieue. L'illusion est absolue.

Mme AD. HULTER A SON AMI. — Joie ! Joie ! Pleurs de joie ! Il va chasser demain. A 2 heures, dans notre nid ; ne sois pas en retard.

M. AD. HULTER A SON AMIE. — Joie ! Joie ! Je lui ai dit que je chassais. Je viendrai déjeuner. Commande du perdreau !

Mlle POUFFE, PETITE CHIENNE DE PRINCESSE. — Monsieur Médor, vous êtes un malappris. Vous posez vos sales pattes boueuses sur mon coussin brodé. Retirez-vous, je vous prie, et cessez d'offusquer ma vue par le spectacle de votre dégoûtante personne.

M. MÉDOR. — Ma petite Pouffe, sans moi et sans ma boue, tu ne croquerais pas cette patte de lièvre dont tu pourlèches tes babines.

MONSIEUR. — Couchez, Médor !

La chasse était autrefois la forme usuelle de la lutte pour la vie ; elle n'est plus qu'un luxe, taxé de grossièreté par certains intellectuels. Elle est dans le sang de la race française, dont la langue possède un nombre considérable de locutions empruntées à la vénerie. Elle est aussi l'occasion de ces récits extravagants qui délassent de leurs fatigues les gens affairés.

La plus belle histoire de chasseur, on ne la raconte pas assez, c'est celle de Louis XVI.

Il marquait chaque soir sur son calepin les événements notables de sa journée. Ce qu'il notait le plus, c'était le chiffre des bêtes abattues à la chasse. Un jour, il revint bredouille. Sur son carnet, à cette date-là, on lit : « Quatorzième de juillet 1789, rien. »

Il n'y eut, en effet, ce jour-là qu'un petit incident de mutinerie populaire, la prise de la Bastille, une misère. Il eut marqué ses chevreuils. Il ne nota point une échauffourée dont sortit la Révolution.

Veuillez croire, madame, que si j'avais cette royale négligence à votre égard, je me la reprocherais comme un crime.

Éloge de la chaleur

Erasme a fait l'éloge de la Folie, madame, c'est assez dire qu'il n'écrivait pas pour vous. Me permettez-vous à mon tour l'éloge de la chaleur, en dépit de vos protestations qui crient déjà au paradoxe.

Une première qualité dont il convient de la louer, est de nous mettre tous d'accord, ce qui est rare, si vous y prenez garde. Qu'il s'agisse des grands principes de la métaphysique, ou des menus détails de cette vie méprisable, tout nous est occasion de divergences et de désaccord ; mais par un été torride, interrogez, et tous et toutes, avec une unanimité touchante, répondront :

— Il fait chaud.

Il fait chaud ! grande et sublime vérité, digne d'être placée en parallèle avec l'axiome de Descartes qui soutient à la base tout le cartésianisme :

— Je pense, donc, je suis.

Il fait chaud ! Là-dessus tout le monde s'accorde et nul n'y contredit, et c'est un des plus beaux triomphes, un des plus incontestés et des plus éclatants témoignages du consentement universel, base fragile, mais base tout de même, de la plupart de nos vérités.

Il fait chaud ! Rien n'est plus assuré, rien n'est plus évident, et toute une philosophie peut s'étayer sur cet axiome tant rebattu, dont on a négligé de tirer parti.

Et cependant, madame, vous gémissez. Vous fuyez la ville, vous fuyez les champs. Vous ne savez que devenir, vos bagues chargent vos doigts, vous soupirez, vous soufflez, vous usez vos éventails, vous murmurez :

> Que ces vains ornements, que ces voiles me pèsent.

Quittez-les ! Notez en passant que Phèdre disait ces choses parce qu'elle était amoureuse de son beau-fils, ce qui n'est pas votre cas, je pense. Mais il est curieux que deux situations aussi différentes que la sienne et la vôtre, se traduisent par la même exclamation.

Et c'est en cela encore que vous pourriez être taxée d'une grise ingratitude, s'il vous arrivait de maudire la chaleur, car grâce à elle, madame, vous avez la joie licite et légitime de donner à votre mise la plus gracieuse fantaisie et la plus troublante nouveauté, de porter le peignoir de tulle illusion que revêtaient les Hamadryades du Lycabète, qui en ont cédé le secret aux magasins de nouveautés, d'échancrer l'encolure, de supprimer les manches, d'aller pieds nus avec des mules tressées, de vous livrer à toutes les fantaisies de l'élégance légère du *home*, avec toute apparence de raison, ce que vous ne pourriez faire sans quelque excentricité, si la chaleur ne donnait pas. Comment donc pourriez-vous soutenir d'en vouloir à la chaleur qui se fait complaisamment la complice hardie de vos coquetteries les plus enjôleuses ?

Mais en finirait-on de dire ses bienfaits, eût-on cent bouches de fer, comme le souhaitait le pieux Énée ? Il fait chaud, dites-vous, et vous avez raison. Mais, par là même, vous n'allez plus à bicyclette, vous n'allez plus au théâtre, vous fuyez le monde et les sorties, vous n'aimez que votre chaise longue, vous restez chez vous, et comme vous êtes naturellement active, vous vous y occupez selon les aptitudes et les tendances de votre nature, soit qu'il vous convienne de ranger vos bocaux de conserves, ou de prendre contact avec les volumes qui viennent de paraître, et qui sont la dernière manifestation de l'activité intellectuelle de votre patrie ; vous rangez, vous lisez, vous vous occupez de bébé, près duquel le soleil vous rive, et c'est ainsi que par un triple bienfait, Phébus, dont l'arc est d'argent et dont les rayons sont d'or, assume le triple rôle de protecteur de votre foyer, de gardien du berceau, et d'éducateur de votre intelligence. Et vous hésiteriez à le combler de vos remerciements ?

D'autres bienfaits sont moins immédiats et non moins précieux, car la chaleur concourt directement et efficacement à votre éducation philosophique.

Vous n'êtes pas sans avoir observé que plus vous dites : « Il fait chaud ! Dieu ! que j'ai chaud ! » plus il semble que la chaleur se venge de votre ingratitude en vous accablant davantage.

En réalité, elle ne se venge pas. Vous faites de l'auto-suggestion. Plus vous pensez à la chaleur, plus vous concentrez vos idées sur ce thème, plus aussi vous en ressentez physiquement les effets, en vertu de cet axiome de psychologie : l'idée tend à l'acte.

Sans doute cette petite phrase sent sa Sorbonne. Elle vous a un petit air prétentieux et sec. Au fond, elle est bonne enfant et désigne une vérité de tous les jours. Pensez longtemps à quelque chose ou à quelqu'un, et vous vous rapprocherez de plus en plus de la démonstration effective de vos désirs.

Et vous voyez, madame, comme il serait facile, s'il ne faisait pas si chaud, de s'élever ici à de hautes considérations, car enfin, c'est ce fait même qui explique et qui justifie le rôle et l'ascendant des philosophes et des penseurs ; leur pensée finit par pénétrer les masses et orienter leurs actes de façon nouvelle et meilleure. Si Montesquieu n'avait pas existé, personne ne penserait au 14 juillet prochain.

Mais ce sont là des spéculations qui sont mieux de mise au mois de décembre, lorsque selon le beau vers du génial Delille,

> L'hiver de la chaleur nous fait sentir l'absence.

Car il reviendra, cet hiver, et plus vite peut-être que vous ne souhaitez. Et ce retour même des saisons m'est un dernier prétexte à exalter le pouvoir philosophique de la chaleur, mère des réflexions.

En effet, il est impossible que vous mettiez en votre esprit que cet état brûlant de la température doive se prolonger au-delà des limites permises par les lois de la physique. Vous dites bien:

— Après la pluie, vient le beau temps.

Par quelle secrète aberration de notre nature ambitieuse oublions-nous toujours de dire aussi, par contre-partie :

— Après le beau temps vient la pluie.

Cela tient évidemment à ce que notre esprit est plus naturellement tendu en avant vers l'espérance que vers la crainte. Il y a comme un euphémisme du silence, qui nous fait taire l'approche des désagréments.

Mais enfin, elle viendra cette pluie. Et c'est alors que vous observerez la grande et suprême loi du monde, qui est aussi la grande consolatrice, la loi du rythme.

Tout change, rien ne demeure. C'est la consolation des affligés, qui du fond de leur misère, savent que cette terre est éternellement en branle, et que cela ne durera pas.

Cela ne durera pas ! C'est la grande leçon, madame, qui se dégage de ces chaleurs caniculaires. En quelque état que vous soyez, dites-vous toujours, et soyez-en assurée : cela ne durera pas !

Du sein de l'affliction, songez aux jours meilleurs qui ne peuvent pas manquer de venir, qui viendront inéluctablement, parce que rien ne dure, pas même le mal.

Mais aussi, au sein du bonheur, préparez-vous à ce retour des choses, et sachez que cela, non plus, ne durera pas ; sachez prévoir et attendre le malheur qui doit suivre. C'est bien pour cela que Polycrate jeta aux poissons de la mer un anneau très précieux. Il connaissait la loi du rythme dans les événements de ce monde, et que tout est dans un perpétuel devenir. C'est un va-et-vient, un mouvement de vrille en marche : l'image de la vie, est un tire-bouchon.

Les Anciens appelaient cela la Némésis. Soit. Aussi, madame, tandis que le soleil fait fumer les villas, hâtez-vous de vérifier si votre parapluie est en bon état.

Certain avare arriva dans l'enfer.
« Eh quoi, dit-il au seigneur Lucifer,
Le bois ici ne se ménage guère.
Voilà cent fois plus de feu qu'il n'en faut,
Éteignez-en la moitié, mon confrère !
Il y pourra faire encore assez chaud. »

Lucifer n'a jamais écouté le conseil. Le soleil n'y tardera guère. Il pleuvra et vous geindrez, et ce sera la pluie alors qu'il faudra défendre et réhabiliter, après Nadaud :

> On a trop médit de la pluie !
> Acceptons le temps comme il vient !

Ah ! la sage parole ! Méditez-la, madame ; c'est la grâce que je vous souhaite. Oubliez parfois que les roses ont des épines et remerciez la nature que les épines aient des roses. C'est ce que j'ai tenté de vous démontrer. J'en ai chaud.

Bains pour Dames

Je suis, madame, en tout de votre avis. Il est matériellement impossible à une Parisienne de prendre des bains froids en été *intra muros*. Et cela est aussi illogique qu'inique. Sans doute, il y a les établissements pour dames, ceux que la vieille légende parisienne appelle les bains à quatre sous pour dames à fond de bois, ou, si vous préférez, bains à fond de bois pour dames à quatre sous. Mais vous observez fort justement que ces bains là, on n'y va pas. Il en faut, pour le peuple ; la *gentry* n'y fréquente guère, et de fait, cela n'est point facile, et surtout, cela n'est point admis. C'est encore une tyrannie de la mode.

Une femme du monde serait évidemment gênée d'être vue remontant le petit escalier de bois qui relie le bain froid à la berge ; et on ne l'y voit point, car elle n'y va pas.

Pourquoi?

Je vous l'ai demandé, et vous m'avez donné bien des raisons de cette abstention. Je veux vous croire. J'admets que vous craignez une promiscuité fâcheuse. Il vous déplairait de tirer votre coupe derrière le trottin de votre couturière, de partager la même onde que votre femme de chambre, et de piquer une tête

sur votre concierge. Vous vous plaignez encore, et non
sans apparence de raison, que ces bateaux flottants
manquent de confortable, que les cabines y sont de
défectueux cabinets de toilette. Enfin, tous les pré-
textes vous sont bons.

Tout au plus me permettrai-je de vous faire obser-
ver que des inconvénients analogues peuvent exister
aux bains de mer, et que vous n'y faites point tant
les difficiles.

Je me suis laissé dire, — ce n'est peut-être qu'une
calomnie, — qu'une chose vous chagrinait surtout,
c'est de prendre votre bain seule, femme parmi des
femmes, loin des hommes, fils de la Terre, pour qui
vous aimez orner de rubans votre costume balnéaire,
et cambrer la courbure de vos gestes natatoires, tout
ainsi qu'il est fait annuellement sur les plages mari-
times, où votre gracieuse indolence se retrempe dans
les bains de mer.

Tous ces griefs sont considérables. Il faut plaindre la Parisienne sevrée des baisers de la Nymphe
de la Seine. La provinciale de petite ville est bien
mieux privilégiée, car il y a toujours aux abords
d'une petite ville de province une claire et modeste
rivière ; une société mixte d'amis ne manque jamais
de s'organiser, de louer un pré, d'installer une tente
riante et rayée sous la coudraie qui abritera les é-
bats des baigneurs, des baigneuses et des pêcheuses
d'écrevisses, à l'heure du goûter au champagne. Cela,
c'est la joie.

Nos citadines ignorent ces délassements rustiques.
Elles n'ont qu'une fois par an l'occasion de se plon-
ger dans des eaux qui ne soient pas celles d'une bai-
gnoire de zinc ; c'est durant la saison balnéaire. En
ville, elles sont condamnées aux bains chauds forcés

à perpétuité. Il y a là une inégalité que le féminisme devrait porter sur l'un de ses chapitres de revendications, et au moins, celle-là, ne pourrait-on en rendre responsable le Code Napoléon.

Je vous plains particulièrement, madame, d'être réduite à la nécessité de ne jamais vous baigner dans la Seine à Paris, car c'est bien le bain le plus confortable, le plus amusant et le plus commode. Faut-il vous dire que je n'ai jamais mis le pied dans des bains froids pour dames, non, certes, par dégoût, mais bien par empêchement, car il n'y a qu'une chose plus jalousement gardée qu'un bain de dames, c'est un harem.

J'ignore comment, dans ces établissements, les choses se passent, si les professeurs de natation sont des eunuques ou des baigneuses, si les cabines sont bien closes. Dame ! Vous connaissez l'histoire de la plage anglaise.

Un jeune Londonien s'était glissé parmi les cabines ou bains des dames, pour voir ; il fut assommé, *severely handled*, par trois jeunes filles indignées. Voilà comme elles sont en Angleterre. Une Parisienne me disait malicieusement :

— Oh ! ce n'est pas étonnant ! Elles sont si mal faites !

Je ne sais si c'est la raison ; mais je me rappelai l'adage :

> Et la pudeur commence où finit la beauté.

J'aime à croire que les établissements de la rivière à Paris, — vous savez que les gens du bord ne disent jamais la Seine, mais la rivière, — j'aime à croire, dis-je, que ces établissements sont bien tenus et bien clos; vous avez souvent pu constater en passant sur les ponts, que le velum supérieur est hermétique. Quant à l'eau? Ah ! madame, laissez-moi pour une fois prendre sa défense, à cette pauvre eau de Seine tant décriée ! Comme eau de bains, je vous défie de trouver mieux que celle de nos établissements fluviaux.

Baignez-vous où il vous plaira : ce ne sera pas, si vous m'en croyez, vers Achères la pestiférée. Dans quels environs de Paris trouverez-vous une eau digne de vous ? Ici, ce sont les algues et les herbes où votre joli pied peut se prendre au risque de vous faire passer de vie à trépas et d'endeuiller tout le bataillon des Ris ; là, vous choquez de la main, de la tête, du pied ou de la jambe un brochet glouton, une grenouille gluante, une anguille visqueuse, et mille végétations bizarres, aux formes horribles, jaunes, follement découpées, des plantes qui ressemblent à des bêtes, des araignées et des insectes qui ressemblent à des plantes; rien n'est hideux et désagréable comme tout ce sale petit monde aquatique : sans compter qu'il y flotte bien parfois quelque chat mort, et que votre pied enfonce dans une vase pleine de borborygmes.

Et notez que vous n'êtes pas plus privilégiée, madame, quand vous avez enfin la permission de prendre votre bain froid sur le bord de l'Océan. Vous y frôlez et vous y piétinez un tas de choses répugnantes: ici, vous écrasez une astérie qui ressemble à un massepain détrempé dans une soupe au lait; plus loin, une petite pieuvre lance sa lanière garnie de suçoirs et vous agrippe au gras du mollet, prête à pomper votre beau sang; ou bien votre main se pose sur la bouche mortelle de ce petit poisson vénéneux dont le nom m'échappe, mais que vous connaissez bien : les pêcheurs de crevettes le piquent avec une fourchette de peur d'y toucher, tant sa morsure est mauvaise. Les gros crabes vous grattent les chevilles, et pour compléter la fête, vous plongez du radeau ou de la jetée, et vous frôlez de vos joues rosées une méduse, cette hideuse bête gluante informe, flasque, qui distille des pus horribles, et qui pullule sur nos côtes et, alors, le long des vôtres.

Et voilà, mesdames, les joies des bains de mer.

Comparez à ce tableau répulsif le bain de Seine à Paris. L'eau est dans un courant perpétuel qui la renouvelle, et vérifie l'ancien proverbe :

« On ne se baigne jamais deux fois dans le même fleuve ! »

Cette eau est tamisée par un gril à l'entrée ; et si vous prenez pied, vous sentez un parquet, comme dans un salon ; toute commodité vous est ménagée pour sauter, piquer, faire de l'acrobatie aquatique sous l'œil de l'administration responsable devant le service de la navigation et des bains en rivière.

Voilà ce qui s'appelle un bain.

Je suis de la même opinion que vous, madame, et je grommelle que cet avantage soit uniquement accaparé par les hommes et dévolu au sexe laid. Il y a là une revendication à faire valoir, et j'estime qu'il sera de toute justice que l'ordre du jour du prochain congrès féministe en soit adorné.

Il faut qu'il devienne « à la mode » et « bien porté » pour les Parisiennes de la société de prendre des bains de Seine.

Or, cela ne sera, qu'à la condition de créer un établissement confortable et de luxe, un hammam flottant, ou deux si l'on veut, l'un pour les mères de famille, l'autre pour les autres.

Et surtout il faut que cet établissement select soit mixte, et qu'il reproduise à Paris l'aspect d'un bain de plage à la mode. Alors ce sera gai, attrayant, et il y aura foule ; des gens entreront le matin et ne sortiront que le soir. Il y aura le restaurant, le casino, les petits chevaux ; enfin ce sera affaire au manager de disposer sa plage pour le mieux.

Mais ce que nous demandons, n'est-ce pas, madame, et ce qu'il vous faut pour l'année prochaine, c'est le bain de Seine avant le bain de mer, c'est un Trouville de Paris avant le Tout-Paris à Trouville, et je m'inscris sur votre carnet, madame, pour la première planche.

Wagons de non fumeurs

La fumée vous gêne-t-elle, madame, quand vous voyagez en chemin de fer?

L'été est le moment de l'année où les dames usent davantage des trains. C'est le point aigu du gros débat entre la femme et les fumeurs.

Jamais vous ne voyagez autant qu'en cette saison ; il ne se passe guère de semaine où vous n'éprouviez le besoin de quitter votre villégiature pour venir à Paris, au magasin, à l'appartement ; une femme a toujours oublié quelque brimborion nécessaire pour le séjour aux champs ou pour le prochain déplacement.

A la gare, elle passe avec une moue devant le compartiment qui porte la plaque : Fumeurs.

Je ne sais, mais j'imagine que vous lui en voulez un peu à ce compartiment, qui a l'air d'un refuge où les messieurs se sauvent de vous. Il est au train, ce qu'est le fumoir après dîner. De là, vous êtes exclue; on y est à l'abri de vous ; on y cause de tout ce que l'on veut, et j'ai comme un soupçon que vous dites quelquefois:

— Cela m'amuserait de monter là-dedans, de les entendre, d'avoir le plaisir de les voir s'ennuyer et s'enfumer, entre hommes, comme des jambons.

Il vous paraît surprenant et irrévérencieux que

ces messieurs mettent ainsi entre eux et vous un holà, un écriteau brutal qui est une défense incivile. C'est une indignité ; et je suis sûr que vous regardez d'un mauvais œil les voyageurs que vous apercevez dans ces wagons spéciaux, et qui ne craignent pas de témoigner publiquement leur aversion pour la société des dames.

Il est avéré que vous pourriez nous objecter combien vous en usez mieux à notre égard. Le nombre est infiniment plus grand des voyageurs qui usent des compartiments de fumeurs, que des voyageuses qui choisissent les compartiments de dames seules.

Vous n'entendez jamais les hommes médire de leurs compartiments spéciaux.

Vous entendez souvent, en revanche, les dames médire des leurs.

— Les dames seules ! Ah ! ma chère, je n'y monte jamais. On n'y rencontre que des religieuses ou de vieilles maniaques flanquées d'un panier à chien. Dieu me préserve de monter là-dedans !

Ce qui vous paraît vexant, c'est le futile plaisir auquel ces voyageurs fumeurs sacrifient votre société, et pour lequel ils s'éloignent de vous. Fumer ! la belle affaire ! Est-ce qu'ils n'ont pas le temps à un autre moment ? Une pareille retraite ressemble à une défaite, et est injurieuse. Et comment faisaient-ils, ou comment auraient-ils fait au temps où l'on ne fumait pas ? Dites donc un peu si François Ier, si Henri IV, enfin tous les gens un peu polis et galants, fussent montés dans le compartiment pour fumeurs ? Non, monsieur ; François Ier prendrait les wagons mixtes ! Et puis, enfin, à quelques siècles près, nous pourrions vivre au temps des Romains, je suppose. Les Romains savaient vivre, et bien vivre, témoins ceux de la décadence et de Thomas Couture ! Est-ce qu'ils fumaient, les Romains ? Ils n'auraient jamais mis en balance le plaisir d'être à côté d'une voyageuse charmante, et celui de culotter une pipe !

Pour la vérité historique seulement, madame, je me vois obligé ici de vous arrêter et de vous contredire : soyez assurée néanmoins que c'est le savant seul qui parle en ce moment, et non l'homme du monde. Oui, madame, les Romains fumaient : c'est l'avant-dernière découverte de la science moderne. Je dis l'avant-dernière parce que la dernière, c'est cette trouvaille récente faite à Herculanum, que les Romains connaissaient déjà les colonnes-affiches des théâtres, auxquelles les temps contemporains ont donné le nom de colonnes Morris, parce qu'elles sont un gros revenu pour la ville. Oui, madame, on vient de trouver une colonne Morris à Herculanum ; on a détaché les placards superposés : ils annonçaient des spectacles, des réunions publiques, des ventes, et ils étaient collés avec cette colle que nous nommons gomme arabique. Celle-ci prend, du même coup, ses lettres de très vieille noblesse.

Vous verrez qu'un jour on s'apercevra que les Romains connaissaient la vapeur, les locomotives, les chemins de fer et les compartiments de fumeurs. En tout cas, ils fumaient : leurs cigares étaient faits avec des feuilles de laitues séchées et roulées, fort somnifères. Voyez un peu, en passant, madame, la portée de cette trouvaille, ne serait-ce que pour la mise en scène de toutes nos comédies à l'antique, qui nous représentent des Romains à table, à la fin du repas. Depuis que la langue française existe, depuis la cantilène de Sainte-Eulalie, ou tout au moins depuis la fondation du théâtre en France, et depuis Jehan

Greban, nous nageons en plein anachronisme, et nos pièces fourmillent d'erreurs, par l'omission des auteurs qui ont oublié de parler du cigare des Romains après le dessert. Nous nous figurons qu'ils se levaient de leur triclinium, après le rince-bouche, la tête couronnée de roses, et qu'ils ne demandaient plus rien ! Mais pas du tout ! Ce n'est pas cela ! Ils faisaient tout comme nous ! Esclave, chassez les mouches et apportez les cigares ! Car il faudra changer le traditionnel exemple de la grammaire latine de Lhomond : *Puer, abige muscas et affer cigaros !*

Mais vous savez la nouvelle? Il a fallu remanier *Britannicus*, et la Comédie-Française convoquera la presse dès la rentrée, pour écouter la nouvelle version, le nouveau récit du dîner au cours duquel l'infortuné frère de l'empereur eut mal au cœur, non, comme on le disait, — des gens mal informés ou médisants, — pour avoir pris du poison, mais bien pour avoir commencé trop jeune à fumer les cigares de la *Regia Romana*. C'est la seconde fois qu'il faut remanier les classiques. Déjà, sous la Révolution, on avait eu fort affaire pour supprimer ou retoucher les passages qui contenaient les mots subversifs de roi, reine, duc, seigneur ou madame, car vous pensez bien qu'on ne pouvait dire en 1793 à Agrippine, autre chose que : citoyenne !

Cette fois, du moins, le nouveau remaniement demeure étranger à la politique, et ne blessera aucune conviction ni aucune confession. J'ai pu dérober pour vous, madame, sur le bureau de l'administrateur général, quelques bribes de la leçon nouvelle et encore inédite. C'est Britannicus en personne qui parle.

Il dit : « Esclave impur ! Allume mon cigare ! »
Ils accoururent trois, faisant une bagarre,
A qui présenterait au frère de César
Le tabac, complément du royal baltazar.
A peine eut-il fumé qu'il fit une grimace,
Comme s'il eut baisé le front d'une limace,
Et dit : « Pouah ! Ce tabac est du vil caporal !
« Cela tourne le cœur ! Un peu de pectoral,
« S'il vous plait ! » Il ne put achever La migiaine
Dans son sang fit couler la subite gangrène,
Il tomba.

Ce n'est pas sans scrupule qu'on a osé ainsi tou‑
cher au texte sacré de Racine. Vous avez lu dans
les journaux la longue discussion qui s'est élevée à
ce propos dans le sein de l'Académie française. Pour
éviter toute confusion, et par crainte que les Anglais
n'attribuassent à Racine ce qui n'est qu'un ajouté,
on a voulu rimer très richement, à la mode parnas‑
sienne.

Au reste, les vers additionnels seront toujours
imprimés entre guillemets, avec une note explica‑
tive au bas de la page. En matière de critique des
textes, on ne saurait jamais prendre trop de précau‑
tions. Si Pisistrate... Mais je vais m'égarer.

Au total, madame, vous n'êtes donc point assurée
du tout que les Romains ne fussent point montés
dans le compartiment des fumeurs.

Peut-être bien aussi y a-t-il, dans votre dépit de
cette brutale séparation des sexes, un peu de légère
taquinerie. Il vous chiffonne que ces messieurs puis‑
sent s'installer là chez eux, hors de votre empire.
Ce qui me le ferait croire, ce serait le cas récent de
cette dame que nous vîmes monter, à Paris, dans
notre compartiment, malgré notre plaque préserva‑
trice : Fumeurs. Il ne restait qu'une place. Dès son

apparition, les sept voyageurs firent chorus pour la prévenir de son erreur. Elle répondit en s'installant :

— Oh! je le sais. Mais je suis si pressée! je n'ai que le temps. Je serai bien là.

Elle était jeune, assez élégante, réservée d'ailleurs, car elle ne dit pas un mot pendant toute la durée du trajet, pas même :

— Vous pouvez fumer! Allez, messieurs!

Dès son entrée, cigares et cigarettes disparurent; on était entre gens bien élevés. La dame avait un petit air naïf au fond duquel il me semblait démêler une pointe de malice, comme si elle eût pensé :

— Ah! mes gaillards! vous ne venez pas dans nos wagons pour nous échapper, pour fumer à votre aise. Eh bien, me voilà! je vous empêcherai tout de même; la tyrannie féministe vous poursuit jusque dans vos repaires! Osez donc! »

Elle eût été laide et commune, on eût fumé, peut-être. Elle était gentiment femme : on s'abstint. Et voilà encore un triomphe du féminisme par la galanterie.

La galanterie est une des deux seules raisons qui peuvent mettre un frein momentanément à la funeste et impérieuse passion du fumeur, s'il est du monde.

Il s'abstiendra par déférence, devant une femme âgée ou malade, sous peine d'être un malotru. Il n'y a pas longtemps, j'étais sur une des voitures d'excursions, à Chamonix. Une dame, qui était placée derrière nous, et qui avait d'ailleurs l'air souffrant, nous empêcha, cinq heures durant, d'allumer la moindre cigarette, et cependant elle n'était entourée que de messieurs, et les banquettes étaient en plein air, la voiture étant découverte. Les fumeurs enragés eussent été dans leur droit en protestant. La dame eut la chance de n'avoir que des Français auprès d'elle. Elle fit fermer les étuis à cigarettes. Vous remportez tous les jours de ces triomphes faciles, mesdames, et vous vous plaignez !

Le plus souvent, la galanterie y est pour beaucoup. Si la dame est jolie, le monsieur n'est pas fâché de se créer une sorte de léger . oit à sa reconnaissance par le sacrifice qu'elle lui demande et qu'il lui fait. C'est une petite dette, rarement soldée.

Mais surtout, dans le wagon mixte, le tabac est une merveilleuse entrée en matière pour la conversation.

— La fumée ne vous gêne pas, madame ?

—· Oh ! du tout, monsieur, mon mari fume beaucoup.

— Ah ! vous êtes mariée, madame ? Votre mari est un heureux coquin ! Vous avez des enfants ? Pas encore, sans doute, vous êtes si jeune !

Il y a d'autres formules. Il y en a même de meilleur goût. Il y en a de pires.

— La fumée ne vous gêne pas, madame ?

— Oh ! du tout, monsieur, je fume moi-même.

Et la dame tire, d'un étui en vermeil orné de perles, une fine cigarette qu'elle allume. Ce sont là des indications précieuses, sur l'état civil des personnes qu'on ne connaît pas.

Je me rappelle un jour, au wagon-restaurant, avoir été le voisin d'une superbe baronne russe qui, au kummel, alluma un cigare auprès duquel nos londrès sont des allumettes. Moi qui suis un très médiocre fumeur, j'avoue qu'avec ma petite cigarette, je ressentis quelque chose comme de l'humiliation, auprès du gros cigare de la baronne.

On m'a raconté un jour une bien jolie réponse. Je vous la donne, madame, parce qu'elle pourra vous servir.

Un monsieur se trouve seul dans un wagon en tête-à-tête avec une jolie voyageuse.

De son air le plus gracieux, il veut entamer la conversation par la formule sempiternelle :

— La fumée ne vous gêne pas, madame ?

La dame répondit du tac au tac, en souriant :

— Mon Dieu ! monsieur, je serais assez embarrassée pour vous le dire, car jusqu'à présent, personne n'a encore eu l'indélicatesse de fumer devant moi !

C'était bien paumé !

Lettre de Noël

Ne croyez-vous point, madame, qu'il n'est pas nécessaire de faire de Noël un article de foi et un dogme ? Cela a si peu à faire avec la religion ! Je ne sais même pas jusqu'à quel point Noel n'est pas une idole païenne et hérétique. Car vous n'êtes pas, madame, sans avoir observé que le petit Jésus, qui est né le 25 décembre de l'année 1 avant Jésus-Christ dans l'étable de Bethléem, n'a rien de commun avec ce personnage légendaire, non point enfant, mais vieillard à barbe blanche comme l'hiver, vêtu d'une robe brune de moine franc, dont la fonction annuelle est de déverser les produits de l'industrie des jouets et de la bimbeloterie dans les tuyaux des cheminées.

Ce Noël chenu vous a un vague relent de paganisme, et ressemble à un gnome du Harz ou du Brocken, qui aurait grandi.

Rousseau aurait pu permettre à Émile de mettre son soulier dans l'âtre.

Comme on voit, à le lire, qu'il ignore cette douce joie familiale, saine et pure ! Il ne sait pas ce que c'est que la fillette de trois ans qui, durant huit jours, se tient bien sage pour que le petit « Novel » soit content.

Et ce sont des questions, des curiosités. Il va dans l'air ? Comment est-ce qu'il monte sur le toit ? Il ne va pas tomber ? Il ne va pas se brûler ?

La veille du grand jour, on a dit à la fillette qu'elle déposera son soulier dans la cheminée dès qu'elle aura dîné ; avant même de se mettre à table, elle a déjà dans chaque main ses petites bottines, pareilles à des chaussures de poupées. Ah ! ce soir-là, il n'y a ni pleurs, ni jérémiades pour manger le cruel potage, tant il est vrai que la joie dilate les cœurs, et aussi les estomacs.

Le petit gâteau du dessert n'a pas encore disparu, que la fillette trépigne et vole déjà par la pensée vers la cheminée sainte. La jeune maman a relevé la trappe, assistée du papa, grave comme un pape pour présider ce petit concile de famille. Les menus souliers sont à leur place. La trappe est retombée. Et l'enfant demeure immobile, les yeux attachés sur cette tôle noire derrière laquelle il va se passer un mystère. Si les enfants, à qui on propose ce divertissement diabolique, étaient plus grands et raisonnables, ils deviendraient aussitôt fous, moines ou tireurs de cartes. Vous allez me dire qu'une fois devenus plus grands, ils ne croient plus à Noël, et que le danger cesse. C'est vrai. Mais y avez-vous déjà songé ? Une plaque de tôle derrière laquelle on met une chaussure qui se remplit toute seule de jouets ! C'est effrayant. Il n'y a rien dans la religion truquée de Mahomet qui approche de ce miracle. Sommes-nous assez bêtes, nous, les parents, qui nous réduisons de gaieté de cœur à ce rôle de prestidigitateurs en chambre, et qui mériterions que l'enfant nous rit au nez en nous criant :

— Va donc, Robert Houdin !

Mais quelle sainte bêtise ! Quelle douceur de voir au matin, la petite fillette, toute émue, courir à la cheminée, et attendre avec une fièvre anxieuse que la plaque ait livré son secret et ses bottes ! Petit Noël ou vieux Noel, selon le nom que tu préfères, tu n'es pas seulement la joie de l'enfant, mais c'est la maison tout entière que tu emplis de rire, de rayonnement et de liesse, car toute la maison sourit, quand l'enfant a du bonheur.

Les petits ne sont point si bêtes qu'un vain peuple pense. Vous ne savez pas ce que disait hier le jeune René, qui a neuf ans, à sa mère, votre belle amie, Mme de Fontaine-Valmont. Celle-ci lui persuadait qu'il devenait trop grand pour croire à Noel et exposer son soulier. Le bambin ne vit point là son compte, puisque cette sagesse incrédule allait lui faire perdre le bénéfice des estimables surprises de son soulier. Il protesta vivement :

— Noël ? Comment ? Mais si, j'y crois ! C'est Noël qui descend du ciel, c'est pas toi !

Voilà toute la triste humanité dans ce mot d'un enfant qui fait la bête par cupidité. Que lui importe d'être cru inepte et puéril ? Il voit menacée sa joie annuelle de découvrir une cheminée agréablement garnie, et il la défend à tout prix, même au prix du ridicule. Cet enfant est déjà assez vieux pour être un homme. Dans la vie, combien d'opinions, de doctrines ou de philosophies n'ont pas une base plus solide ou plus honnête !

Noël, c'est véritablement bien la fête des cheminées.

Savez-vous bien, madame, que rien n'est plus respectable qu'une cheminée ?

Les anciens l'invoquaient sous le nom de divinités de tout premier ordre, les Lares et les Pénates.

Il est donc juste que nous songions à continuer à

la cheminée ce culte antique par la juste célébration
de Noel.

L'âtre ! le foyer ! le feu ! Ah ! madame ! quels
dieux majestueux et éternels ! C'est Noël qui est
leur jour de fête ; Noël, la célébration du foyer domestique, la glorification de la vie de famille, du
ménage heureux. Aussi, voyez si ce n'est pas la cheminée qui est la scène solennelle de ce mystère:
c'est dans le foyer que brûle la bûche de Noël, et
l'arbre qui fournit les bûches est glorifié, enrubanné, illuminé ; c'est du foyer que sortent et la
dinde et les boudins de Noel pour la ripaille, comme
aussi les jouets du baby.

Quand vous regardez le soir, du fond de votre
fauteuil, les bûches qui flambent dans l'âtre, songez
un peu mieux que vous faites à ce que c'est qu'une
cheminée ! Car enfin, vous n'y faites pas suffisamment attention, je vous assure, et gageons que la
grande image de Prométhée enchaîné ne s'offre pas
à vous quand vous tisonnez avec les pincettes.

C'est un tort, madame, doublé d'une ingratitude.
Vous oubliez Prométhée. Et savez-vous pourtant
ce que vous seriez, si ce grand homme d'autrefois
n'avait pas volé le feu du soleil dans une écorce de
roseau ? S'il en fut si durement puni, et si Jupiter
en colère le fit clouer au Caucase par ses mégères
Force et Violence, c'est qu'il valait la peine, c'est
que les dieux de l'Olympe se sentirent menacés, du
jour où les hommes connurent le feu, c'est que le
feu nous haussait tout à coup sur ses ailes de flam-
mes jusqu'au rang du fils de Kronos, et celui-ci sen-
tit sa couronne chanceler sur son front, d'où elle est
tombée.

Avez-vous observé, madame, que l'homme, et par

l'homme, j'entends plus particulièrement la femme, est le seul animal qui sache allumer du feu. De ce seul fait sont nés et l'industrie et le progrès. Sans Prométhée, nous serions encore à l'état d'hommes des bois, et vous ne tisonneriez aucun feu dans aucune cheminée.

Il est donc vraiment digne et juste que Zoroastre ait adoré le feu, que les Romains aient mis pieusement le foyer sous la sauvegarde des dieux Lares, et que votre petit enfant mette son soulier dans la cheminée, car l'âtre est le centre et la lumière de la famille.

J'entends bien que vous m'objectez Mme de la Poupelinière, qui mésusa des cheminées. Elle était mariée, et son amant habitait l'hôtel voisin. Quand le mari sortait par la porte-cochère, l'amant entrait dans la chambre de la dame par l'âtre, qui était disposé en façon de plaque mobile communiquant au trou du mur mitoyen ; cela se sut, et l'on vendit dans la rue, car il y avait déjà des camelots au siècle dernier, des bibelots que l'on donnait aux enfants pour jouets de Noël, et qui étaient une petite cheminée à plaque tournante, avec deux personnages qui couraient l'un vers l'autre sans jamais se rejoindre.

Qu'est-ce que cela prouve? Il n'est si bonne et belle chose dont les méchants ne trouvent à faire un usage pervers.

La cheminée est chose sainte, et si un regret m'endeuille et me fait douloir, c'est seulement qu'elle n'ait pas des prêtres plus décoratifs que les siens, qui sont les fumistes et les ramoneurs, fils de la rude Savoie.

Vous méprisez les tuyaux de cheminée sur les toits; il est de mode d'en médire. Quel préjugé! Est-

ce que la Renaissance n'a pas su tourner en ornement cet accessoire fumivore et dégingandé ? Et
puis, tout est dans la façon de voir. Que serait, par
par exemple, la ville de Genève sans ses cheminées?
Demandez-le à Théophile Gautier. Il vous dira que
cette ville serait, sans ces agréments aériens, une
pitié : « la seule chose qui jette un peu de fantaisie
sur Genève, ce sont les tuyaux des cheminées. On
ne saurait rien voir de plus bizarre et de plus capricieux. Vous connaissez ces saltimbanques que les
Anglais appellent « acropedestrians », et qui, renversés sur le dos, les jambes en l'air, font voltiger
une barre de bois et deux enfants couverts de pail-
lettes ? Figurez-vous que tous les acropedestrians
du monde font la répétition de leurs exercices sur
les toits de Genève, tant ces tuyaux bifurqués et con-
tournés se démènent désespérément. » Vous voyez
bien que tout est dans la manière d'envisager les
choses.

N'est-ce pas Mme de Montespan qui a écrit : « d'avoir
le feu chez soi, c'est signe du bonheur. »

Ce nonobstant, laissez-moi, madame, vous souhaiter pour votre Noël un autre bonheur que celui-là,
et puissiez-vous n'avoir à redouter d'autres feux, que
ceux que vos grâces allument.

Table des Matières

LIVRE I

L'éducation.

LIVRE II

L'état de mariage.

LIVRE III

L'année féminine.

Mayenne, Imprimerie Ch. COLIN

Les Célébrités d'Aujourd'hui